坂道をゆく

前福岡高等裁判所長官 小林 昭彦 [著]

一般社団法人 金融財政事情研究会

はじめに

　本書は、江戸時代から続く坂道を紹介する本です。そういう坂道が東京には多数あり、歩くと何となく江戸の雰囲気を感じますし、「この坂を武士や町人も歩いていたのか…」と想うと胸がわくわくします。坂名やその由来にも面白いものが多く、江戸の坂を探して散策をするようになりました。その後、仙台と福岡に赴任し、それぞれの地でも江戸時代から続く坂道を探して散策したため、仙台・塩竈と九州各地の坂道も紹介しています。併せて坂道付近の名所旧跡も紹介しています。江戸・東京の坂については、その坂の記載のある古地図や当時の姿をいまに伝える浮世絵も載せていますから、これらからも江戸の風情を感じていただければ幸いです。

　この本は、月刊登記情報に73回にわたって連載された「坂道をゆく」を再構成したものです。加筆や写真の追加・交替等をし、新たな坂道を追加しています。この連載については、編集部の歴代の担当者である佐藤友紀さん、鈴木英介さん、堀内亮さんに大変お世話になりました。また、堀内亮さんには、この本の刊行についても大変お世話になりました。これらの方々に対して心から感謝を申し上げます。

　2020年9月

小林 昭彦

著者紹介

小林昭彦（こばやし・あきひこ）

〔略歴〕

1955年長野県生まれ。79年東北大学法学部卒業。81年判事補任官。その後、米国ノートルデイム大学ロースクール留学、長島・大野法律事務所研修。大阪地方裁判所判事、東京地方裁判所判事等を経て、法務省民事局で参事官として成年後見制度の創設を担当し、民事第二課長として司法書士法・土地家屋調査士法の平成14年改正を担当した。また、法務省大臣官房司法法制部参事官、内閣官房内閣審議官・司法制度改革推進室長として司法制度改革を担当した。東京地方裁判所部総括判事、東京地方裁判所民事部所長代行者、仙台地方裁判所長、東京高等裁判所部総括判事を経て、2017年福岡高等裁判所長官。20年定年退官。

〔共著・共編著〕

○『わかりやすい新成年後見制度〔新版〕』（有斐閣・2000）
○『平成11年民法一部改正法等の解説』（法曹会・2002）
○『一問一答 新司法書士法・土地家屋調査士法－平成14年改正の要点』
　（テイハン・2002）
○『一問一答 新しい成年後見制度〔新版〕』（商事法務・2006）
○『注釈 司法書士法（第3版）』（テイハン・2007）
○『新基本法コンメンタール 民事保全法』（日本評論社・2014）
○『新基本法コンメンタール 民事執行法』（日本評論社・2014）
○『新成年後見制度の解説【改訂版】』（金融財政事情研究会・2017）

凡　　例

（1）本書では、江戸切絵図のうち「尾張屋板（金鱗堂板）」を単に「江戸切絵図」と表示し、「近江屋板（近吾堂板）」を「江戸切絵図（近江屋板）と表示しています。その理由については、コラム④（90頁）をご覧いただければ幸いです。

（2）本書に掲載している坂の写真は、すべて筆者が撮影したものです。その撮影時期はまちまちです。

（3）江戸・東京の坂道に関して多数の参考文献がありますが、筆者は、次の文献をしばしば参照し、本書でも適宜引用しています。

○横関英一『江戸の坂 東京の坂』（有峰書店・1970）〔中公文庫・1981〕

○横関英一『続 江戸の坂 東京の坂』（有峰書店・1975）〔中公文庫・1982〕

○横関英一『江戸の坂 東京の坂（全）』（ちくま学芸文庫・2010）〔上記の合本〕

○石川悌二『東京の坂道－生きている江戸の歴史－』（新人物往来社・1971）

○戸畑忠政『ぶんきょうの坂道』（文京ふるさと歴史館・1980）〔改訂版2008〕

○岡崎清記『今昔 東京の坂』（日本交通公社・1981）

○タモリ『タモリのTOKYO坂道美学入門』（講談社・2004）〔新訂版2011〕

○冨田均『東京坂道散歩』（東京新聞出版局・2006）

○山野勝『江戸の坂 東京・歴史散歩ガイド』（朝日新聞社・2006）〔『大江戸坂道探訪』（朝日文庫・2014）〕

○大石学『坂の町・江戸東京を歩く』（PHP新書・2007）

○松本泰生『東京の階段』（日本文芸社・2007）

○山野勝『江戸と東京の坂』（日本文芸社・2011）

○山野勝『古地図で歩く 江戸と東京の坂』（日本文芸社・2012）

○松本泰生『凹凸を楽しむ 東京坂道図鑑』（洋泉社・2017）

目　　次

御厩谷坂
おんまやだにざか

東京都千代田区三番町

　靖国通りの靖国神社南門交差点から大妻通りを南に進むと、左右に大妻女子大学が見えてくる辺りから急勾配で下り、さらに上る。これが「御厩谷坂」である。坂下の谷は、かつて付近に徳川将軍家の厩（馬を飼う建物）があったことから「御厩谷」と呼ばれ、これが坂名の由来である。『新編江戸志』（国立国会図書館デジタルコレクションで見ることができる。）を見ると、「御厩谷」について「昔此邊に御厩有しゆへの名也今も紅林勘左衛門殿御馬の足洗し池残りて在となり」と説明している。江戸切絵図（1849年刊行開始）も、この谷に「御厩谷」と記しているが、坂名の記載はない。付近に将軍家の厩の跡地との記載もないが、「紅林元二郎」の屋敷の記載はある。上記の「紅林勘左衛門」の子孫であるかと思われる。

　御厩谷坂を下って上り、そのまま進むと、次の交差点辺りから下り始める。これが「袖摺坂」である。往時、この坂は幅が狭隘なため、往来の人々が袖を摺り合わせるようにして通っていたことから名付けられたというが、現在の幅の広い坂道からは想像すら難しい。

袖摺坂

東京都千代田区九段

暁星幼稚園
九段小学校
富士見小学校
暁星中学校
高等学校
冬青木坂
東京メトロ東西線
首都高速5号池袋線
白百合学園
小学校
白百合学園
中学高等学校
白百合学園
幼稚園
九段下駅
九段坂
目白通り
大村益次郎像
靖国神社
靖国通り
都営新宿線
内堀通り
日本武道館
二松学舎大学
附属高等学校
二松学舎大学

　「九段坂」は、日本橋川に架かる俎橋（江戸切絵図では「俎板橋」）から九段下交差点に少し近づいた辺りから緩やかに上り始め、九段下交差点から急坂となり、九段坂上交差点付近まで上る。

　坂名は、江戸時代、急峻な坂であるため、この坂に9つの滑り止めの段（土留め）が設けられていたことに由来するという。また、その9つの段に従って幕府の御用屋敷が建てられたため、これを坂名の由来とする解釈も生じたようである。その後、9つの段が取り払われて車が通ることができるようになり、さらに、関東大震災後の復興事業により、本格的な改造工事が行われ、1933年に現在の勾配となり、坂の中央を市電が走ることができるようになった。

　九段坂の坂上付近に田安門（江戸切絵図では「田安御門」）がある。典型的な枡形門で、江戸時代初期に創建され、1636年に再建された。元々の地名が田安台であったことから田安門と称された。現在は付近にある日本武道館の通路として多数の人々が行き交う。

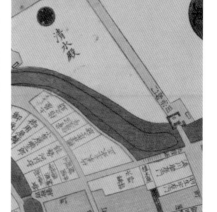

江戸切絵図　飯田町駿河台小川町絵図（部分）

（国立国会図書館蔵）

皂角坂 さいかちざか

東京都千代田区神田駿河台

桜蔭中学校
高等学校

本郷
給水所公苑

水道橋駅

本郷通り

蔵前橋通り

工芸高等学校

昭和第一
高等学校

元町公園

東京メトロ丸ノ内線

外堀通り

水道橋駅

東京
医科歯科
大学

神田川

東洋
高等学校

小栗坂

皂角坂

中央線・総武線

かえで通り

御茶ノ水駅

白山通り

日本大学経済学部

日本大学法学部

とちの木通り

都営三田線

神田女学園
中学校・高等学校

御茶ノ水駅

「皂角坂」（しばしば「皁角坂」と表記されるが、正確には、「皂角坂」である。）は神田川の南側に沿う坂である。坂名は、往時、付近に多数の落葉高木・皂角（皂莢［皂は皁の俗字］、梍）の木があったことにちなむ。江戸切絵図にも「サイカチサカ」とあり、その中腹辺りの神田川（この付近の開削工事を仙台藩が担当したことから「仙台濠」とも呼ばれた。）に橋のような物が架かっている。神田上水の水を渡すための木製の懸樋（水道の橋）であり、ここから「水道橋」との地名や橋名が生まれた。むろん、この懸樋は現存しないが、広重が『冨士三十六景』の「東都御茶の水」で懸樋を見事に描写している。また、その精巧な模型を東京都水道歴史館で見たことがある。

　皂角坂を下ると、左手に緩やかに下る坂がある。土地家屋調査士会館の目の前の「小栗坂」である。千代田区の標柱は「江戸時代の初めに、坂下の路地を入ったところに730石取りの旗本小栗家の屋敷があったことから名付けられました。」と説明している。この小栗家は将軍の鷹を訓練する鷹匠であったという。

広重　冨士三十六景　東都御茶の水

（国立国会図書館蔵）

13

コラム - ① 「江戸城内の坂」

　江戸時代、江戸城内に「梅林坂」と「汐見坂」があり、本丸と二の丸を繋いでいました。この2つの坂は、現在は無料で一般公開されている皇居東御苑内にあり、私たちは、この2つの坂を自由に散策することができます。

　まず、江戸城の歴史を振り返りましょう。その歴史は、平安時代の末期、武蔵国の当主・秩父重綱の四男の重継が武蔵国江戸郷を相続し「江戸四郎」と称して江戸氏を興し、後の江戸城の台地に居館を構えたことに遡るといいます。江戸氏が没落した後、太田道灌が1457年に江戸城を築城しました。道灌は約30年にわたって江戸城を中心に活躍をしました。その後、1524年以降は北条氏が江戸城を支配しましたが、1590年、豊臣秀吉が小田原攻めで北条氏を滅ぼし、秀吉から北条氏領の関八州を与えられた徳川家康が江戸城を居城とし、その増改築を始めました。1603年の江戸開府後は天下普請として諸大名に命じて江戸城の大幅な拡張に着手し、これを2代将軍秀忠や3代将軍家光が引き継ぎ、1636年に江戸城の総構えが完成しました。

　以上を前提として、大手門から東御苑に入ります。諸大名も江戸城の正門である大手門から登城しました。左手に進み、大手三之門の高麗門の石垣を過ぎると同心番所があります。ここに警護のため与力や同心が詰めていました。御三家以外の大名は、この高麗門で駕籠から降りるのが決まりであって、下乗門とも呼ばれていました。その先の中之門前

の広場の左手にある百人番所には、与力20人と同心100人が交代で詰めて警護や検問に当たっていました。中之門の高さ約6メートルの石垣には江戸城の中でも最大級の35トン前後の巨石が使われています。中之門（石垣のみ現存）を過ぎると右手に大番所があります。他の番所よりも位の高い与力や同心が詰めていました。左手の道を進み、急勾配の坂を上ると中雀門（書院門とも）の跡があります。御三家も、この門前で駕籠から降りたといいます。

　現在、その先には広大な本丸大芝生が広がります。ここに広大な本丸御殿がありましたが、1863年に焼失した後は再建されていません。将軍謁見や役人の執務の場所である表、将軍が起居し政務を行う中奥、将軍の正室や側室、女中たちの居所の大奥から成っていました。本丸大芝生の北側には天守

梅林坂

台があります。天守は、家康が築き、秀忠が築き直し、さらに家光も築き直したのですが、1657年の明暦の大火で焼失しました。保科正之（家光の弟で、4代将軍家綱の大政参与）が天守は時代遅れで不要であり、大火で大半が焼失した江戸の町の復興を優先すべきであると進言したため、天守は再建されませんでした。

　天守台の奥の道を東方向に進むと、本丸から二の丸に下る「梅林坂」があります。現在、坂の周囲に約70本の梅の木があり、例年1月頃から辺りに梅の花の馥郁（ふくいく）たる香りが漂います。そもそもは、太田道灌が菅原道真を祀る天満宮を創建し（その後、遷座して千代田区平河町に現存する平河天満宮）、数百本の紅梅・白梅を植えたことから「梅林坂」と呼ばれたと伝えられています。江戸時代、梅林坂の上部には上梅林門という名の渡櫓門（わたりやぐらもん）があり、坂下には喰い違い門があり、さらに、平川門（ひらかわもん）の近くに下梅林門がありました。それらの門の跡に残る石垣により当時の面影を偲ぶことができます。梅林坂の坂下は左右に分かれ、左に進むと平川門に至ります。太田道灌の時代から平川門はあったといいます。江戸時代の平川門は、江戸城の裏門であり、大奥に近く、大奥女中の通用門であったため、お局門（つぼね）とも呼ばれました。

　梅林門の坂下を右に少し進むと十字路があり、ここを右折して進むと「汐見坂」の急峻な上りとなります。1635年からの二の丸の拡張工事の際に本丸と二の丸の間の濠の一部が埋

め立てられ、1637年に二の丸東照社が建立された際にこの坂が設けられました。当時は、この坂の上から海を見ることができたことから「汐見坂」と名付けられました。汐見坂を上ると右手に渡櫓門があり、これをくぐると本丸に出たのです。現在は、その石垣のみが残っています。

先ほどの十字路を左折して進むと二の丸庭園があります。江戸時代、二の丸には、二の丸御殿があり、小堀遠州の作といわれる庭園がありました。この二の丸御殿は1867年に焼失した後は再建されていません。その庭園も失われていましたが、9代将軍・家重の時代に作成された庭園の絵図面に基づいて回遊式庭園が復元されています。私も時々訪れ、多くの外国からの観光客と一緒に首都東京のど真ん中にある庭園を四季折々満喫しています。

汐見坂

紀伊国坂
きのくにざか

東京都港区元赤坂

四ツ谷駅
四ツ谷駅
半蔵門駅
麹町駅
上智大学
鉄砲坂
総武線
外堀通り
紀尾井坂
紀尾井町
中央線
首都高速4号新宿線
迎賓館 赤坂離宮
紀伊国坂
東京メトロ南北線
東京メトロ半蔵門線
東京メトロ
丸ノ内線
赤坂見附駅

　迎賓館東門の前辺りから堂々と下る坂が「紀伊国坂」である。その坂名は、迎賓館や赤坂御用地のある広大な場所に、江戸時代には紀州徳川家の上屋敷があったことに由来する。紀州徳川家は、紀伊国等を治め、家康の10男の頼宣から始まり、その5代藩主の吉宗は8代将軍になった。迎賓館東門も紀州徳川家の上屋敷の門をここに移築したものであり、そのことも相俟って、この辺りには江戸の面影が色濃く残っている。

　広重の『名所江戸百景』に「紀の国坂赤坂溜池遠景」との作品がある。弁慶濠に沿う紀伊国坂を大名行列の供先が上ってくる構図であり、江戸時代の紀伊国坂の情景や赤坂溜池方面の遠景が見事に描かれている。

広重　名所江戸百景　紀の国坂赤坂溜池遠景

往古、この紀伊国坂の坂上に茜草が多く自生していたことから、これを赤根山と呼び、赤根山に上る坂であることから「赤坂」と呼ばれていたという。赤土の坂だったから「赤坂」と呼ばれていたとの説もあるが、いずれにしても、かつて紀伊国坂が赤坂と呼ばれていたことから赤坂との地名が生まれたといわれている。

（国立国会図書館蔵）

三分坂

さんぷんざか

東京都港区赤坂

赤坂7丁目

赤坂Bizタワー

赤坂サカス

圓通寺

赤坂駅

TBS

種徳寺

報土寺

三分坂

一ツ木公園

東京メトロ千代田線

赤坂氷川公園

赤坂8丁目

赤坂6丁目

赤坂小学校

　「三分坂」は急峻な坂であり、上ると左にほぼ直角に曲がる。江戸切絵図にも「三分坂」とあり、江戸時代、急勾配の坂で通る車賃が銀三分増したため、こう呼ばれたという（横関英一『江戸の坂 東京の坂（全）』90頁に詳しい考察がある。）。坂下に報土寺があり、坂に沿って築地塀（練塀）が立っていることもあって、江戸の残り香が漂っている。私が好んでこの坂を散策する所以である。報土寺には江戸時代に大関（当時の最高位）として活躍した雷電為右衛門の墓がある。私の郷里・信州に生まれた力士であり、22年間（当時は年2場所制）で254勝10敗との驚異的な成績を残した大相撲史上最強の力士である。

　三分坂の坂上をそのまま進むと「薬研坂」に至る。江戸切絵図にも「ヤケンサカ」とある。その坂名の由来は、急勾配で下りさらに急勾配で上るため、その形状が薬研に似ているからという。薬研とは、漢方で生薬を粉末にするために用いる器具であり、細長い舟形であり、中央がⅤ字形に窪んでいるので、確かに形状が似ている。

薬研坂

東京都港区南麻布

広尾学園
中学校・高等学校

麻布中学校
高等学校

元麻布2丁目

南麻布5丁目

木下坂

有栖川宮記念公園

麻布運動場

聖心女子大学

広尾駅

南部坂

ドイツ連邦共和国
大使館

アルジェリア
大使館

欧州連合
代表部

パキスタン
大使館

外苑西通り

南麻布4丁目

東京メトロ日比谷線

中華人民共和国
大使館別館

本村小学校

　「南部坂」は有栖川宮記念公園の南側に沿う坂道であり、ドイツ連邦共和国大使館の前辺りから急勾配で上る。赤坂にあった陸奥盛岡藩主南部家の下屋敷（「道源寺坂」の紹介で触れるとおり、この下屋敷の付近にも「南部坂」がある。）が1656年に麻布の播磨赤穂藩主浅野家の下屋敷と相対替えをして有栖川宮記念公園の地に来たため「南部坂」との坂名が付いた。江戸切絵図を見ると、上記の大使館の場所には旗本の「酒井内蔵助」の下屋敷がある。

　有栖川宮記念公園の北西側に沿う坂が「木下坂」である。江戸切絵図を見ると付近に「木下備中守」とあり、この備中国足守藩主木下家の上屋敷があったことにちなむ。藩祖の木下家定は、豊臣秀吉の正室・おね（北政所）の兄である。家定は関ヶ原の戦いで東軍にも西軍にも与せずに中立を守り、北政所の警護を務め、その功績が徳川家康から賞賛され、備中国足守藩の初代藩主となった。その後、一時所領を没収されたが、その二男利房が大坂の陣の功績により足守藩主に返り咲き、その後は幕末まで木下家が藩主を務めた。

木下坂

霊南坂

れいなんざか

東京都港区虎ノ門

衆議院
赤坂議員宿舎

赤坂2丁目

東京メトロ南北線

首都高速都心環状線

南部坂

久國神社

ANA
インターコンチネンタル
ホテル東京

アークヒルズ

陽泉寺

アメリカ
大使館

赤坂1丁目

東京メトロ銀座線

虎の門病院

虎ノ門2丁目

外堀通り

環二通り

桜田通り

霊南坂

江戸見坂

東京メトロ日比谷線

スペイン
大使館

ホテルオークラ東京
別館

虎ノ門3丁目

六本木一丁目駅

「霊南坂」は、アメリカ大使館とThe Okura Tokyo（旧ホテルオークラ東京）との間の坂であり、一直線に上る急峻な坂である。坂名は、江戸時代初期に坂上に嶺南和尚が創建した嶺南庵があったことに由来し、当初の「嶺南坂」が、その後「霊南坂」に改められた。嶺南和尚は僧侶だが、関ヶ原の戦いに従軍するなど、家康や秀忠の軍学師範としても活躍したという。嶺南庵は、1636年に港区高輪に移転して東禅寺と改めた。東禅寺は、1859年に日本最初のイギリス公使館が置かれたことでも有名である。なお、東禅寺の付近にも「洞坂」があり、坂道ファンにとっては、洞坂下の寺としても知られる。霊南坂で写真を撮っていると、アメリカ大使館に沿う坂であり、付近で警備をしている警察官から「何を撮っていますか」との質問を受けることがある。坂上を右折してすぐ先の左手にある霊南坂教会は、1980年11月、当時大好きだった山口百恵さんが三浦友和さんと結婚式を挙げた教会であり、その前を通ると青春時代がよみがえる。

霊南坂の坂上を左折して少し進むと「江戸見坂」の坂上に至る。かつて、この坂の上から江戸の町を一望することができたから「江戸見坂」と呼ばれた。永井荷風も大正時代初期に『日和下駄』（講談社文芸文庫）で「古来その眺望よりして最も名高きは赤坂霊南坂上より芝西の久保へ下りる江戸見坂である。愛宕山を前にして日本橋京橋から丸の内を一目に望むことが出来る。」と書いている。もちろん、現在は高いビルが邪魔をして東京の街を一望することなどできない。大変険阻な坂であり、左に湾曲していることもあって、下るときは思わず転げ落ちそうになる。

愛宕男坂

あたごおとこざか

東京都港区愛宕

虎の門病院

霊南坂

虎ノ門1丁目

東京メトロ銀座線

内幸町駅

虎ノ門3丁目

東京メトロ日比谷線

愛宕神社

愛宕男坂

南桜公園

新橋2丁目

新橋駅

都営三田線

環二通り

山手線

神谷町駅

愛宕1丁目

東京慈恵会
医科大学
附属病院

新橋4丁目

　愛宕山上の愛宕神社に上る86段の石段が「愛宕男坂」である。3代豊国の『東都名所合』に「愛宕山」との作品があり、この峻険な愛宕男坂を手摺に掴まりながらおそるおそる下る女性がリアルに描かれている。男坂の右手に107段の「愛宕女坂」がある。この女坂も急勾配だが、男坂と比べれば緩やかだ。愛宕山は、かつて「桜田山」と呼ばれていたが、1603年、徳川家康が「江戸の防火の神」として防火に霊験のある京都の愛宕神社の分霊を勧請して愛宕神社を創建したことから「愛宕山」と呼ばれるようになった。標高は25.7メートルであり、自然の山としては、東京23区内で一番高い山である。

　愛宕男坂は「出世の石段」ともいう。1634年、3代将軍家光が徳川家の菩提寺・増上寺に参詣した帰途、愛宕神社の下を通り、山上の境内の満開の梅を見て、馬で採って参れと命じたとき、讃岐高松藩士（丸亀藩士）の曲垣平九郎が馬で石段を上り下りして、家光に梅の枝を献上し、家光から「日本一の馬術の名人」と讃えられて出世したとの故事にちなむ。

3代豊国　東都名所合　愛宕山

（国立国会図書館蔵）

狸穴坂
まみあなざか

東京都港区麻布狸穴町

麻布台1丁目

芝給水所公園

東京メトロ南北線

東京メトロ日比谷線

麻布狸穴町

鼠坂

ロシア連邦
大使館

東京タワー通り

東洋英和
女学院

麻布通り

麻布永坂町

狸穴
公園

狸穴坂

東京タワー

麻布台2丁目

桜田通り

首都高速都心環状線

都営大江戸線

麻布十番駅

環状三号線

東麻布2丁目

　外苑東通りからロシア連邦大使館の西側を大きく曲がりなが
ら急勾配で下る坂道が「狸穴坂」である。その湾曲や勾配が
美しい。坂上や坂下からの景色も素晴らしい。江戸切絵図に
も「狸穴坂」と明記されている。また、この地の町名は「麻
布狸穴町」だが、住居表示による町名変更の際に住民の強い要
望で従前の町名が残ったという。

　狸穴坂と書いて「まみあなざか」と読むが、その坂名の由来
については２説がある。Ａ説は、この坂の付近に「まみ」の棲
息する穴があったからとするが、その「まみ」について、江戸
時代の文献には「雌狸」「猯」「魔魅」の表記があるという。雌
狸は文字通りメスのタヌキ
である。猯はアナグマまた
はタヌキのことをいい、魔
魅は人をたぶらかす魔物の
ことをいう。

　Ｂ説は、この坂の付近に
採鉱のマブ穴（間府穴＝鉱
石を取るために掘った穴・
坑道）があったからとす
る。マブ穴坂が「まみあな
ざか」に転訛したという趣
旨かと思われる。

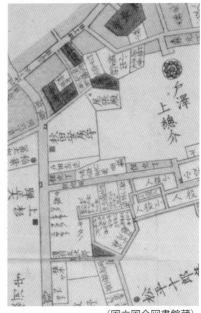

江戸切絵図　東都麻布之絵図（部分）

（国立国会図書館蔵）

道源寺坂
どうげんじざか

東京都港区六本木

南部坂

六本木2丁目

ANAインター
コンチネンタルホテル東京

陽泉寺

霊南坂

首都高速3号渋谷線

アークヒルズ

赤坂1丁目

虎ノ門2丁目

道源寺坂

ホテルオークラ
東京 別館

六本木一丁目駅

アークヒルズ
サウスタワー

スペイン
大使館

麻布通り

首都高速都心環状線

テレビ東京

泉ガーデンタワー

スウェーデン
大使館

虎ノ門4丁目

　「道源寺坂」は狭隘で険阻な坂である。坂名は坂上付近にある道源寺にちなむ。道源寺は江戸時代初期に創建されたといい、坂下の西光寺は京都伏見で創建されて1647年に当地に移転したという。古刹である西光寺と道源寺に沿う坂であることから、そこはかとなく江戸の風情が漂う。十数年前に初めて訪れたとき、この坂に魅せられ、折に触れて散策をしている。

　六本木通りの反対側に「南部坂」がある。坂名の由来は、江戸時代初期、坂上の先に陸奥盛岡藩主南部家の下屋敷があったからだ。この南部家の下屋敷は、1656年に麻布の播磨赤穂藩主浅野家の下屋敷と相対替えをして麻布に移転をした（その後、麻布にも「南部坂」（22頁）が誕生し、やや紛らわしい。）。したがって、翌年頃の明暦江戸大絵図には南部家ではなく「浅野内匠」とあり、浅野家の下屋敷が記載されている。が、後の江戸切絵図を見ると、この浅野家の下屋敷は見当たらない。３代藩主長矩が江戸城殿中で吉良上野介に対する刃傷事件（元禄赤穂事件の発端）を起こして切腹をし、赤穂藩主浅野家は改易となったからだ。

　南部坂の坂上の先に氷川神社がある。元禄赤穂事件の当時、この地には備後国三好藩主浅野家の下屋敷があった。長矩の夫人阿久里は（長矩の切腹後は落飾して瑤泉院と称していた。）実家の三好藩主浅野家の下屋敷に引き取られていた。『忠臣蔵』の名場面《南部坂 雪の別れ》では、討ち入りの直前、赤穂藩筆頭家老であった大石内蔵助が雪の降りしきる中を南部坂を上って瑤泉院に暇乞いに訪れ、南部坂を下って帰っていく。

東京都港区南麻布

元麻布1丁目

東京メトロ日比谷線

広尾駅

有栖川宮
記念公園

麻布通り

大韓民国
大使館

ドイツ
連邦共和国
大使館

パキスタン
大使館

東町小学校

本村小学校

南麻布3丁目

東京メトロ南北線

御薬園坂

フランス
大使館

光林寺

明治通り

首都高速2号目黒線

都営三田線

白金3丁目

　「御薬園坂」は左に大きく曲がりながら急勾配で上る坂であり、その坂上からの眺望が素晴らしい。江戸切絵図にも「御ヤクエンサカ」とある。坂名は付近に麻布御薬園があったからで、1657年頃の明暦江戸大絵図を見ると、この坂の西側一帯に「御薬種畑」とある。江戸幕府は、1638年に江戸の南と北に薬園を設け、薬草を栽培し、生薬の研究や製造をしていた。幕府直営の薬園であることから、一般の人々は御薬園と呼んだ。南の薬園は麻布御薬園と呼ばれ、北の薬園は大塚御薬園と呼ばれていた。その後、北の薬園は1681年に護国寺の建立に際しその用地となって廃園となり、南の薬園も1684年に5代将軍綱吉の小石川の別邸・白山御殿（小石川御殿）に移転した。その際に一部残された御花畑に1698年に綱吉の別邸・白金御殿が建てられた。麻布御薬園が1684年に小石川に移転した後も、現在まで御薬園坂と呼ばれていることに驚く。ちなみに小石川に移転した後は小石川御薬園と呼ばれていた（8代将軍吉宗は、目安箱に対する投書から町奉行の大岡忠相に命じてこの薬園内に小石川養生所を設置した。）。現在の小石川植物園である（89頁）。

江戸切絵図　東都麻布之絵図（部分）

（国立国会図書館蔵）

大横丁坂
おおよこちょうざか

東京都港区西麻布

青山霊園

六本木7丁目

六本木駅

東京メトロ日比谷線

環状三号線

東洋英和女学院
小学部

首都高速3号渋谷線

六本木通り

六本木ヒルズ

東洋英和女学院
中学部・高等部

都心環状線

首都高速

東洋英和女学院
大学大学院

大横丁坂

国際
文化会館

牛坂

六本木高等学校

東京メトロ南北線

都営大江戸線

笄小学校

中華人民共和国
大使館

元麻布3丁目

麻布十番駅

　「大横丁坂」は外苑西通りに緩やかに下る長い坂であり、付近には大使館も多く、そこはかとなく気品が漂う。坂名は、港区の公式ウェブサイトによると、江戸時代、この付近を「大横丁」と呼んでいたからだ。富士山がよく見えるから「富士見坂」とも呼ばれたという。

　坂下の外苑西通りを渡ると十字路（笄橋跡）から西に急勾配で上る「牛坂」となる。往時、牛車が往来したことから「牛坂」と呼ばれた。笄橋は架かっていた笄川が暗渠となり、現存しない。その笄橋、笄川については次の故事があるという。

　《天慶の乱（939年）直前、武蔵介（「守」が長官で、「介」が次官）として武蔵国に赴任していた源 経基が平 将門らとの対立を恐れて京都に逃げ帰ると

牛坂

き、この川の橋に差しかかったが、将門の一味が関所を設けていたので、経基は将門の味方であると偽り、その証拠として帯びていた刀の笄を与えて関所を通り、橋を渡って京都に帰った。その後、この橋は「笄橋」と呼ばれ、この川も「笄川」と呼ばれた。》

東京都港区三田

綱の手引坂

オーストラリア
大使館

首都高速2号目黒線

三田2丁目

桜田通り

東町小学校

イタリア
大使館

綱坂

東京メトロ南北線

三田
春日神社

慶應義塾大学

芝5丁目

慶應義塾中等部

麻布通り

桜田通り

三田5丁目

三田3丁目

都営大江戸線

「綱坂」は、綱町三井倶楽部とイタリア大使館との間の坂であり、北から南に下る。江戸切絵図を見ても、「松平肥後守」（会津藩主松平家）の下屋敷と「松平隠岐守」（伊予松山藩主久松家）の中屋敷の間の坂として「綱坂」と明記されている。坂名は、この界隈で渡辺綱が生まれたと伝えられることに由来する。渡辺綱（本名・源 綱）は平安中期の源氏一族の武将であり、源頼光に仕え、その四天王の筆頭として剛勇で知られ、大江山の酒呑童子を退治し、京都の一条戻り橋の上で鬼の右腕を名刀鬚切で切り落としたという伝説で有名である。その産湯を汲んだと伝わる井戸が松平肥後守の下屋敷にあったという（オーストラリア大使館内に渡辺綱の産湯の井と伝わるものが現存するという。）。綱町三井倶楽部の階段状の塀と鬱蒼とした木立が絶妙の風情や気品を醸し出す。大好きな坂の一つであり、好んで散策をする。

坂上のT字路を左から右に桜田通りまで緩やかに下る長い坂が「綱の手引坂」である。渡辺綱が幼少の頃に姥に手を引かれて行き来をしたとの伝説による坂名である。

綱の手引坂

魚籃坂
ぎょらんざか

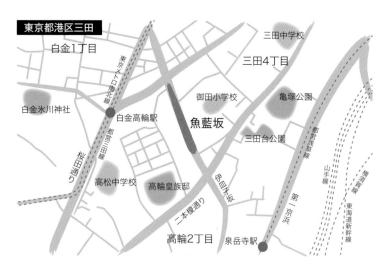

東京都港区三田

白金1丁目

三田中学校

三田4丁目

東京メトロ南北線

白金氷川神社

御田小学校

亀塚公園

白金高輪駅

魚藍坂

都営浅草線

都営三田線

三田台公園

桜田通り

山手線

横須賀線

高松中学校

高輪皇族邸

伊皿子坂

東海道新幹線

二本榎通り

第一京浜

高輪2丁目

泉岳寺駅

　「魚籃坂」は桜田通りから伊皿子台に上る急峻な坂であり、坂名は、坂の中腹にある「魚籃寺」にちなむ。魚籃寺は1652年創建の古刹であり、その寺名は本尊の魚籃観世音菩薩（頭髪を唐様の鬟に結った乙女の姿をした観音像）に由来する。その本尊は、仏が美しい乙女の姿で現れて魚籃（竹籠）に入れた魚を売りながら仏法を広めたとの唐の時代の故事に基づくという。『江戸名所図会』に「魚籃観音堂」（魚籃寺）に関する記述があり、その挿絵が当時の賑わいぶりをいまに伝えてくれる。

　魚籃坂の坂上から急勾配で下る坂が「伊皿子坂」である。本来の道筋は、右に大きく曲がる方ではなく、中腹から左折して蛇行しながら下る細道の方であり、この細道には古い道らしい情感がある。坂名は伊皿子（地名）にある坂だからだが、その由来については、付近に住む中国人をエビスやイビス（夷）と呼び、そのうちの1人が帰化して伊皿子（イビス）と称したことからなど多岐にわたる。『江戸名所図会』は、この坂を「潮見坂」と呼び、その挿絵を見ると坂上からの海の眺望が素晴らしかったことがよく分かる。永井荷風も『日和下駄』（講談社文芸文庫）で「芝伊皿子台上の汐見坂も、天然の地形と距離との宜しきが為に品川の御台場依然として昔の名所図会に見る通り道行く人の鼻先に浮べる有様…」と書いている。上記の細道を下り、第一京浜（東海道）に出ると付近に高輪大木戸の石垣が残っている。高輪大木戸は江戸の南の入口であり、夜間は閉めて通行止めとし、治安維持の役割を果たしていた。新しく設けられた高輪ゲートウェイ駅は、この高輪大木戸にちなむ駅名である。

コラム - ② 「姿を消す坂」

　港区麻布台の「我善坊谷坂」「落合坂」「行合坂」が再開発により姿を消します。その在りし日の姿を記録(写真と地図)にとどめたいと思います。

　まず、「我善坊谷坂」は、その南側の我善坊谷に下る坂です。2代将軍秀忠の正室の江（信長の妹の市と浅井長政の間の三女）が1626年に逝去し、その葬儀の際に仮御堂である龕前堂がこの谷に置かれたため、「龕前堂谷」と呼ばれ、それが「我善坊谷」に転訛したといいます。独特の雰囲気が漂い、この坂を好んで散策していました。坂下を右折すると「落合坂」です。傾斜はとても緩やかです。坂名は、往時、赤坂方面から往来する人が落ち合う場所にあったからといい

40

ます。落合坂を上りますと
「行合坂」の最も低い場所
に出ます。港区の公式ウェ
ブサイトは「双方から行合
う道の坂であるため行合坂
とよんだと推定されるが、
市兵衛町と飯倉町の間であ
るためか、さだかでない」
としています。

我善坊谷坂

行合坂

落合坂

軽子坂

かるこざか

東京都新宿区神楽坂

神楽坂駅
東京メトロ東西線
神楽坂通り
津久戸小学校
軽子坂
首都高速
5号池袋線
神田川
飯田橋駅
横寺町
都営大江戸線
神楽坂
目白通り
大久保通り
牛込神楽坂駅
袋町
東京メトロ有楽町線
東京大神宮
北町
東京理科大学
中町
南町
若宮町
逢坂
早稲田通り
暁星中学校
高等学校
払方町
外堀通り
東京メトロ南北線
中央線・総武線
東京通信病院

　「軽子坂」は外堀通りから上る坂であり、神楽坂と平行する坂であるが、勾配は神楽坂よりも緩やかだ。江戸切絵図にも「軽子サカ」と明記されている（もちろん「神楽坂」も。）。残念ながら、それほど有名ではないし、両側にはオフィスビルもあり、神楽坂のような賑わいもないが、かえって江戸の風情が残っているような気がして気に入っている。

　軽子とは、軽籠（縄で編んだ正方形の網を用いる運搬用の道具）で荷物を運搬することを生業とした人々のことである。江戸時代、坂下の外濠（飯田濠）に船着場があり、軽子が、この付近に住み、この坂を通って船荷を運搬していたことが坂名の由来である（上記のとおり、勾配が神楽坂よりも緩やかであることから運搬に利用されたと思われる。）。外濠は神田川、さらに隅田川に通じており、荷船が行き来をしていた。軽子坂の北側に新宿区「揚場町」がある。飯田濠の船着場が「荷揚げ場」であったことに由来する江戸時代からの町名である。

江戸切絵図　礫川牛込小日向絵図（部分）

（国立国会図書館蔵）

東京都新宿区神楽坂

神楽坂駅
東京メトロ東西線
首都高速
5号池袋線
神楽坂通り
津久戸小学校
神田川
飯田橋駅
横寺町
都営大江戸線
軽子坂
神楽坂
東京メトロ有楽町線
目白通り
大久保通り
牛込神楽坂駅
袋町
北町
東京理科大学
東京大神宮
中町
神楽坂
南町
若宮町
東京メトロ南北線
早稲田通り
暁星中学校
高等学校
逢坂
払方町
外堀通り
中央線・総武線
東京通信病院

　「神楽坂」は早稲田通りの一部であり、外堀通りとの神楽坂下交差点辺りから上り始める。この界隈には明治以降に花柳界が栄え、その後、現在の繁華街に発展してきたが、付近の閑静な石畳の路地には、そこはかとなく華やかな大人の街の情趣が漂っている。

　神楽坂は、1628年に坂上の新宿区矢来町の地に老中の酒井忠勝の下屋敷が設けられ、この下屋敷から江戸城の牛込門に至る登城道として整備された。当時は現在よりも急峻な坂であったが、明治時代の工事により勾配が緩やかになったという。広重の「牛込神楽坂之図」は坂上から坂下の牛込橋やその先の牛込門等を見下ろす構図であり、坂の左手（北側）に武家屋敷が見え、右手（南側）に町屋（店舗）が見える。

　坂名は、神楽（神社で神を迎えて奏する舞楽）に関連するとの見解が有力だが、どの神社の神楽かなど、その詳細は諸説に分かれ、混沌としている。

広重　東都坂尽　牛込神楽坂之図

（国立国会図書館蔵）

庾嶺坂 <ruby>庾<rt>ゆ</rt>嶺<rt>れい</rt>坂<rt>ざか</rt></ruby>

東京都新宿区神楽坂

首都高速
5号池袋線

神楽坂駅
東京メトロ東西線
神田川

神楽坂通り
飯田橋駅
目白通り

津久戸小学校

軽子坂

横寺町

都営大江戸線

神楽坂

大久保通り

牛込神楽坂駅
袋町

東京大神宮

北町

東京理科大学

早稲田通り

中町

若宮町

庾嶺坂

暁星中学校
高等学校

南町

逢坂

払方町

外堀通り

東京通信病院

「庾嶺坂」は、外堀通りから右に大きく湾曲しながら上る急坂で、左手にある煉瓦の塀や石垣が趣を醸し出している。江戸時代、この坂の辺りに美しい梅林があったため、2代将軍秀忠が中国の梅の名所・大庾嶺にちなんで「庾嶺坂」と命名したという。大庾嶺は江西省と広東省の境にある山で、唐の時代に宰相の張九齢が梅を植えて梅嶺と名付け、梅の名所として有名になった。

また、この坂は、若宮坂、唯念坂、行人坂、幽霊坂、祐玄坂、新坂とも呼ばれる。若宮坂は坂上に若宮八幡神社があるからで、源頼朝が奥州征伐に赴くときにこの地で戦勝祈願をしたところ、奥州平定が成ったため、鎌倉の鶴岡八幡宮の若宮社を勧請したことが由緒である。往時、この坂辺りに唯念という名の僧が庵を結んだことから唯念坂や行人坂が生まれ、その唯念坂が幽霊坂に転訛したとも、この坂の辺りに医者の祐玄が住んでいたことから祐玄坂が生まれ、これが幽霊坂に転訛したともいう。新坂は、この坂が新たに開かれたときに付けられた坂名であり、江戸切絵図は「シンサカ」と表示している。

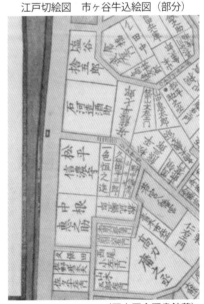

江戸切絵図　市ヶ谷牛込絵図（部分）

（国立国会図書館蔵）

47

逢坂
おうさか

東京都新宿区市谷船河原町

神楽坂駅　東京メトロ東西線

首都高速
5号池袋線

神田川

津久戸小学校

飯田橋駅

目白通り

神楽坂通り

軽子坂

神楽坂

横寺町

都営大江戸線

大久保通り

牛込神楽坂駅

袋町

東京理科大学

東京大神宮

北町

東京メトロ有楽町線

中町

若宮町

逢坂

早稲田通り

暁星中学校
高等学校

南町

外堀通り

東京メトロ南北線

中央線・総武線

払方町

東京逓信病院

　庾嶺坂の坂下から外堀通りをさらに南方向に進むと次の右手に進む小道が「逢坂」である。その上り始めの右手に船河原町築土神社があるが、ここは、筑土神社の兼務社であり、平将門を祀る摂社である。逢坂は左に湾曲しながら上る険峻な坂で、坂上からの眺望が素晴らしい。坂名は次のとおり悲恋の伝説にちなむ。

　《奈良時代、武蔵国に武蔵守として赴任して来た小野美作吾が、この坂で「さねかずら」という名の類い希な美女と出会い恋仲となった。その後、美作吾は天皇の命により奈良に帰り、若草山の麓に住んだが、さねかずらのことが忘れられず、臨終の際に自分の遺体を武蔵国のさねかずらの住む所に葬ってほしいと遺言した。しかし、遠い武蔵国に遺体を葬ることは難しかったため、若草山の麓に葬り、この地を武蔵野と名付けた。さねかずらも、美作吾のことが忘れられず、もう一度逢わせてほしいと神に祈ったところ、夢の中で美作吾とこの坂で逢うことができた。そのため、この坂は「逢坂」といわれるようになった。さねかずらも美作吾の死を知ると「生きていても仕方がない」とこの坂の下で水に身を投げて死んでしまった。》

　この伝説は付会とも思われるが、『江戸名所図会』にも同じような記述がある上、江戸切絵図や江戸切絵図（近江屋板）にも「逢坂」と明記されていることから、江戸時代、この伝説にちなむ「逢坂」として広く知られていたものと思われる。

左内坂 <small>さないざか</small>

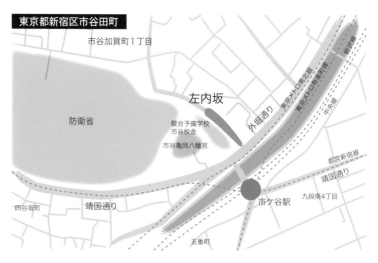

東京都新宿区市谷田町

市谷加賀町1丁目

左内坂

防衛省

駿台予備学校
市谷校舎

市谷亀岡八幡宮

外堀通り

東京メトロ南北線

東京メトロ有楽町線

中央線

総武線

都営新宿線

靖国通り

九段南4丁目

四谷坂町

靖国通り

市ケ谷駅

五番町

　「左内坂」は上るのをためらうほど峻険な坂である。江戸時代初期、この坂を含む周辺一帯を名主の島田左内が開発したため、その名前にちなむ。左内の兄の島田久左衛門も別の場所（現在の新宿区新宿七丁目）で坂を開き、その坂は「久左衛門坂」と呼ばれている。

　坂下の外堀通りを四谷方向に進むと右手に市谷亀岡八幡宮がある。正面の急峻な63段の石段坂が「市谷八幡男坂」であり、左手のやや緩やかな坂が「市谷八幡女坂」である。1479年に太田道灌が鎌倉の鶴岡八幡宮の分霊を江戸城の西方の守護神として城内に勧請し、「鶴岡八幡宮」に対して「亀岡八幡宮」と称したのが始まりであり、その後、現在地に遷座した。

　さらに外堀通りを四谷方向に進むと右に左に大きく曲がりながら司法書士会館の前辺りまで上る「高力坂」となる。その湾曲と勾配がとても美しい。坂名は、江戸時代、この坂の付近に旗本の高力家の屋敷があったことに由来する。

高力坂

東京都新宿区片町

牛込仲之小学校

市谷仲之町

市谷加賀町

市谷台町

新宿両国線

住吉町

仲之公園

警視庁
第五機動隊

中央大学
市ヶ谷キャンパス

曙橋駅

合羽坂

防衛省

靖国通り

都営新宿線

外苑東通り

靖国通り

四谷坂町

東京
おもちゃ
美術館

愛住町

舟町

津の守坂

荒木町

新宿歴史博物館

愛住公園

外堀通り

東京メトロ丸ノ内線

中央線

合羽坂下交差点から外苑東通りとの合羽坂交差点まで緩やかに上る坂が「合羽坂」である。江戸切絵図にも「合羽坂」と明記されている。坂名の由来については次の2説がある。

A説は、江戸時代、この坂の南東の坂下に蓮池と呼ばれる大きな池があり、その池に獺が棲んでいて、雨の夜に姿を現した獺を周辺の住民が河童と勘違いしたことから、この坂が「河童坂」と呼ばれ、後に合羽坂に転じたという。蓮池は埋め立てられて御先手組屋敷になった。江戸切絵図にも合羽坂下に「御先手組」屋敷の表示がある。獺（川獺）とは、体長約70センチメートルの動物で、巣穴は川や湖の近くにあり、主に水中で活動し、魚や蟹等を捕食し、夜行性だという。日本各地にも日本獺が広く棲息していたが、2012年に絶滅種に指定され、現在では絶滅したとされている。河童は、むろん、想像上の動物だが、その正体（モデル）は獺であるともいわれている。

これに対し、B説は、江戸時代、合羽坂の付近の現在は防衛省等がある地に尾張徳川家の上屋敷があり、その合羽の干場がこの坂の付近にあったので、「合羽坂」と呼ばれたという。合羽とは、雨のときに着る外套の一種である雨合羽のことである。15世紀後半に南蛮文化とともに日本に伝わり、日本では綿布や紙に桐油を引いて作製していた。合羽は、ポルトガル語のcapaの当て字であり、当時は南蛮蓑とも呼ばれていた。蓑は、時代劇等でおなじみだ。萱、菅、藁などを編んで作る日本古来の雨具である。

津の守坂

つのかみざか

東京都新宿区荒木町

牛込仲之小学校

市谷加賀町

市谷仲之町

市谷台町

新宿両国線

仲之公園

住吉町

警視庁
第五機動隊

中央大学
市ヶ谷キャンパス

防衛省

曙橋駅

都営新宿線

靖国通り

外苑東通り

津の守坂

四谷坂町

靖国通り

外堀通り

東京
おもちゃ
美術館

愛住町

舟町

荒木町

新宿歴史博物館

東京メトロ南北線

丸ノ内線

愛住公園

　「津の守坂」は、江戸切絵図では「松平摂津守」の上屋敷の西側の坂道に当たる。この美濃国高須藩主の松平摂津守（せつのかみ）から「津の守坂（つのかみざか）」と呼ばれた。初代藩主の松平義行は、尾張藩２代藩主・徳川光友の二男であり、高須藩は尾張藩の支藩であった。「津の守坂」は、この江戸切絵図のとおり、折れ曲がる形状であり、とても険阻な坂であったと思われるが、1897年頃に改修工事が行われ、現在の勾配の真っすぐな坂になったという。

　この上屋敷の地は現在の新宿区荒木町であり、その荒木町内の窪地に「策の池（むち）」がある（往時は相当に大きな池であったというが、驚くほど小さくなっているものの、現存し、訪れることができる。）。その池の名の由来は徳川家康の時代に遡る。この地に家康が鷹狩に来たときに付近に出る湧水で策（むち）（＝鞭）を洗ったことから、この場所が「策の井（い）」（井＝湧水を汲み取る所）と呼ばれ、その水が滝となって注いでいた池が「策の池」と呼ばれた。その後、この地が松平摂津守の上屋敷となり、策の池を中心とする庭園が造られた。明治時代を迎え、この一帯は民有地となり、策の池は名所となって、その周辺には料亭などが設けられ、芸者たちが行き交う花街として発展した。

　荒木町といえば、現在も多数の飲食店があることで知られている。だいぶ前のことだが、ある小料理屋を先輩裁判官の案内で訪れると、その店の粋な女将は、かつてこの街で芸者をしていたと述懐していた。現在も細い路地や石畳などに花街の頃の面影が残っている。

鮫河橋坂
さめがはしざか

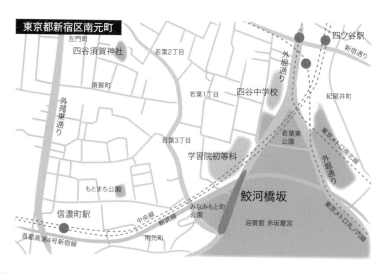

東京都新宿区南元町

四ツ谷駅

新宿通り

左門町

四谷須賀神社

若葉2丁目

外堀通り

須賀町

若葉1丁目

四谷中学校

紀尾井町

外苑東通り

若葉3丁目

若葉東公園

東京メトロ南北線

学習院初等科

外堀通り

もとまち公園

鮫河橋坂

信濃町駅

中央線

総武線

みなみもと町公園

東京メトロ丸ノ内線

首都高速4号新宿線

南元町

迎賓館 赤坂離宮

56

　迎賓館前から緩やかに下り始める「鮫河橋坂」は、道幅の広い坂であり、優雅な気品のある雰囲気を漂わせている。その坂名は坂下の鮫河橋に下る坂であったことによる。この橋は、かつて鮫河（桜川、赤坂川とも）に架かっていた橋で、赤坂御用地の「鮫が橋門」の前辺りにあったものと思われる。江戸切絵図を見ると「鮫ヶ橋坂」と記されているし、鮫河と思われる川の表示もあるが、その坂下付近に橋の表示も橋名の記載もない。しかし、江戸切絵図（近江屋板）を見ると、坂下付近に橋の表示があり、「鮫ヶ橋ト云」と明記されているし、川の表示の付近に「櫻川ノ源　右北町辺ヨリ出赤阪江流」とも記されている。『江戸名所図会』は、鮫河橋について「紀州公御中館の後ろ、西南の方、坂の下を流るる小溝に架すをいふ」と説明している。その後、鮫河が暗渠化されて鮫河橋は現存しないが、『江戸名所図会』の挿絵が当時の橋の情景をいまに伝えてくれるし、「鮫が橋門」や「鮫河橋坂」の名称に名残をとどめている。

　坂下にある「みなみもと町公園」の案内板によると、この公園の一帯は、昔から低い土地であり、葦等の茂った池沼があり、周囲の大地から湧き出る水を湛え、この水が東南の方に流れて鮫河となり、赤坂の溜池に注いでいたが、江戸時代に水田となり、江戸城の外壕工事の際の土で埋め立てられて町になったという。『江戸名所図会』は、鮫河橋との橋名の由来について「里諺に、昔この地、海につづきたりしかば、鮫のあがりしゆえに名とすといへども、証とするにたらず」と説明している。その由来には諸説があるが、昔は海から川を鮫が上って来ていたとする説には驚かされる。

東京都新宿区下落合

下落合3丁目

下落合4丁目

聖母坂通り

七曲坂

落合中学校

おとめ山公園

薬王院

下落合2丁目

下落合
野鳥の森公園

落合第四小学校

新宿下落合
氷川神社

妙正寺川

新目白通り

下落合1丁目

西武新宿線

下落合駅

神田川

58

　下落合氷川神社（新宿区下落合二丁目7番12号）の北側の新井薬師道から北に上る坂道が「七曲坂」であり、「七囲坂」ともいう。『江戸名所図会』に「七曲坂　同所より鼠山の方に上る坂をいふ。屈曲あるゆゑに名とす」とある。

　急勾配の終わる辺りに十字路があり、ここまでを七曲坂だとする説もあるが、それだと３回ほど曲がるにすぎない。その先の目白通りに至る傾斜の緩やかかほとんどない部分を入れると７回ほど曲がるから、その部分を含むとする多数説に与したい。付近の新宿区の標柱は、『遊歴雑記』によると源頼朝が敵の軍勢を偵察するために開いた坂道と伝えられると記すが、いかにも古道らしい風情が感じられる。余談だが、七曲坂といえば、石原裕次郎主演の『太陽にほえろ！』の七曲署を連想する方も多いかと思う。この七曲署がこの七曲坂に由来しているとする説もあるというから驚きだ。

　付近に「おとめ山公園」がある。「おとめ山」とは「乙女山」かと思うが、そうではない。江戸時代、この辺り一帯は将軍家の所有地であり、鷹狩や猪狩などをする狩猟場であって、一般の人々の立ち入りが禁止されていたため「御留山（御禁止山）」と呼ばれたのだ。1969年に新宿区立の「おとめ山公園」となった。とても自然が豊かな公園で、往時の武蔵野を髣髴とさせる雑木林や湧水の池がある。かつて、この界隈は蛍の名所であった。現在も、地元の人たちがこの公園の湧水を利用して蛍を飼育し、この公園で毎年７月に「ホタル観賞の夕べ」が開催され、大勢の人々が蛍を愉しんでいるという。

　銀座を散策中、版画店に入りました。江戸時代の版画（浮世絵）も取り扱う店であり、広重の『名所江戸百景』の「虎の門外あふひ坂」がありました。価格は22万円で、坂好きの私にとっては垂涎の作品です。しかし、その日の散策は運悪く（？）妻と一緒でした。欲しいなあと覗き込んでいたら、妻はキッパリと「だめですよ」と言いました。諦めるほかはありません。

　この版画は、葵坂の宵の風景を描写しています。葵坂は、江戸時代、現在の虎の門病院の正面玄関前の道辺りにあった坂道です。江戸切絵図を見ると、確かに溜池の堰付近に「葵坂」と明記されていますし、広重の上記の作品からも、江戸時代に葵坂が存在したことは明らかです。しかし、残念ながら、明治時代、この葵坂を平らに削り、その土を近くにあった溜池（外濠の一部）を埋めるのに使ってしまったといいます。したがって、溜池も現存しませんが、溜池山王駅や溜池交差点として名が僅かに残っています。葵坂は虎ノ門から赤坂方向に上る坂道であり、その坂名は、往時、この付近に葵が茂っていたことにちなみます。

　広重のこの作品を見ますと、その右手の堰から溜池の水が流れ落ちています。中央に「二八そば」の担ぎ屋台が見えます。その名称については、蕎麦1杯の値段が16文（2×8＝16）だったことからとの説が有力ですが、小麦粉2割で蕎麦粉8割の配合だったからとの説もあります。中村吉右衛門主

演の「鬼平犯科帳」のエンディングの最後の場面に、その「二八そば」の担ぎ屋台が登場しますから、鬼平ファンにはなじみ深い屋台です。右下の「大平しっぽく」の担ぎ屋台は、大平椀（大きくて平らな椀）に盛った蕎麦や饂飩の上に玉子焼きや椎茸、蒲鉾等を載せたものを売っていたといいます。手前の下着姿の2人は、付近の金毘羅大権現（金刀比羅宮）に寒参りをしてきたところと思われます。寒参りとは、寒中の30日間、毎夜、信心や祈願のために神仏に参拝することです。

　後日、その版画店に妻に内緒で行きました。しかし、「虎の門外あふひ坂」は既に売却されてしまってありませんでした。残念ですが、やむを得ません。その後、『名所江戸百景』（版画118枚または119枚から成る揃い物）を写真技術で精巧に再現した本を2冊（岩波書店発行のものと小学館発行のもの）買い、その中の「虎の門外あふひ坂」で葵坂を眺めています。

広重　名所江戸百景　虎の門外あふひ坂

（国立国会図書館蔵）

61

胸突坂
むなつきざか

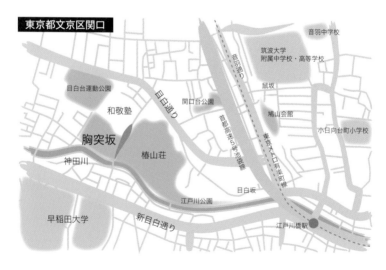

東京都文京区関口

音羽中学校
筑波大学
附属中学校・高等学校
音羽通り
鼠坂
鳩山会館
小日向台町小学校
目白台運動公園
目白通り
関口台公園
和敬塾
首都高速5号池袋線
東京メトロ有楽町線
胸突坂
椿山荘
神田川
目白坂
江戸川公園
早稲田大学
新目白通り
江戸川橋駅

　「胸突坂」は鬱蒼とした木立の中を神田川に向かって急勾配で下る坂であり、階段が併設されている。大好きな坂であって、しばしば訪れる。坂名は「胸を突く」ようにして上るほど急峻な坂だからだ。坂を下ると、右手に水神神社があり、左手に関口芭蕉庵があって、静寂な中に江戸の風情が色濃く漂う。

　水神神社は、神田上水（江戸時代の最も古い上水道である。）の守り神である水神を祀る神社である。江戸時代、俳人として有名な松尾芭蕉が1677年から1680年まで水神別当の地にあった水番屋に住み、旧主筋の藤堂家が担当した神田上水の改修工事に従事したため、その後、この地に建てられた龍隠庵が「関口芭蕉庵」と呼ばれたという。胸突坂の坂下辺りに芭蕉庵の入口があり、木戸を開けて中に入ると、瓢簞池等のある庭は芭蕉の住まいであったかと感じさせるほど情趣に富む。

　広重の『名所江戸百景』に「せき口上水端はせを庵椿やま」との作品があり、この界隈の江戸時代の春の穏やかな雰囲気を十分に感じさせてくれる。

広重　名所江戸百景　せき口上水端はせを庵椿やま

（国立国会図書館蔵）

目白坂

めじろざか

東京都文京区関口

音羽中学校

筑波大学
附属中学校・高等学校

鼠坂

鳩山会館

小日向台町小学校

目白台運動公園

和敬塾

関口台公園

音羽通り

首都高速5号池袋線

東京メトロ有楽町線

胸突坂

椿山荘

目白通り

神田川

目白坂

江戸川公園

早稲田大学

江戸川公園

新目白通り

江戸川橋駅

　江戸川橋付近から、右に左に少し曲がり、次いで右に大きく曲がりながら目白台に上る坂である。自動車の通行も少なく、付近に寺社が多いことも相俟って江戸の面影が感じられる。坂名は、かつて坂上の左手に「目白不動」と呼ばれた新長谷寺があったことにちなむ。大和長谷寺の能化秀算僧正が1618年に再建した寺で、その不動堂に弘法大師作とされる不動明王像が安置されていた。この不動明王像に３代将軍家光が「目白」の号を授け、江戸五色不動の筆頭の目白不動とした。江戸五色不動とは、目白不動のほか、目黒不動、目赤不動、目青不動、目黄不動をいう。目黒不動と目白不動は「目黒」と「目白」との地名の由来にもなったという。

　新長谷寺は高台の景勝地にあり、境内には茶店等が建ち並び、多数の参詣者があった。鐘撞堂の鐘は江戸の「時の鐘」の一つであった。江戸切絵図にも「目白坂」や「目白不動」の表示がある。『江戸名所図会』の挿絵「目白不動堂」が江戸時代の新長谷寺や目白坂の情景をいまに伝えている。新長谷寺は1945年の東京大空襲で大きな被害を受けて廃寺となり、現存しないが、不動明王像（目白不動尊）は金乗院（豊島区高田二丁目所在）に移されて現存している。ちなみに金乗院辺りから目白通りに上る古い坂が「宿坂」である。中世の頃、この坂道は鎌倉街道であり、金乗院の辺りに関所があって、その付近に旅人が泊まる宿場があったので「宿坂」と呼ばれたという。『江戸名所図会』の挿絵「宿坂の関旧址 金乗院 観音堂」に宿坂が描かれている。宿坂には古道らしい落ち着いた佇まいが感じられる。

鼠坂

ねずみざか

東京都文京区音羽

鼠坂

音羽中学校

筑波大学
附属中学校・高等学校

音羽通り

鳩山会館

小日向台町小学校

目白台運動公園

和敬塾

目白通り

関口台公園

首都高速5号池袋線

東京メトロ有楽町線

胸突坂

椿山荘

神田川

目白坂

早稲田大学

江戸川公園

新目白通り

江戸川橋駅

　「鼠坂」は音羽の谷から小日向台に上る坂であり、険阻な坂である証しに階段と手摺が併設されている。江戸切絵図の「雑司ヶ谷音羽絵図」も「子ツミサカ」と明記している。付近の文京区の標識は、『御府内備考』が「至てほそき坂なれば鼠穴などといふ地名の類にてかくいふなるべし」と記していることや森鴎外が小説『鼠坂』で「小日向から音羽へ降りる鼠坂と云ふ坂がある。鼠でなくては上がり降りが出来ないと云ふ意味で附けた名ださうだ。」と書いていることを紹介している。現在も細い坂道だが、かつての道幅はもっと狭かったという。他方で、鼠ヶ谷と呼ばれた音羽の谷に下る坂だから鼠坂だとする説もある。また、後記の別名「水見坂」が転訛して「鼠坂」となったとする説もある。

　鼠坂の両側は高い石垣で、季節により、草木が茂り、花々が咲き、散策に絶好の坂道である。タモリさんは坂好きで有名で日本坂道学会副会長を自称するが、『タモリのＴＯＫＹＯ坂道美学入門』（講談社）で「この鼠坂は、勾配、情緒ともに文句なしの良坂」と絶賛している。陽気の良い春の日にこの坂を訪ねたとき、坂上で数人のご婦人方が写生をしていた。絵心をかき立てる名坂なのだ。

　この坂の別名は「水見坂」で、坂上から音羽の谷を流れる弦巻川の水流を眺めることができたからという。本田創『東京「暗渠」散歩』（洋泉社）によると、弦巻川は1935年頃に暗渠化されたといい、現在はその流れを見ることはできない。

三百坂

さんびゃくざか

東京都文京区小石川

三百坂

東京学芸大学
附属竹早小学校

竹早高等学校

柳町小学校

白山通り

都営三田線

淑徳 SC
中等部・高等部

春日通り

礫川小学校

東京メトロ丸ノ内線

東京メトロ南北線

春日駅

第三中学校

首都高速 5 号池袋線

中央大学
後楽園キャンパス

後楽園駅

筑波大学附属
大塚特別支援学校

礫川公園

後楽園駅

後楽公園　東京ドーム

　傳通院付近の東京学芸大学附属竹早小学校・中学校の東側を緩やかに下るのが「三百坂」である。江戸切絵図にも「三百サカ」とある。大石学『坂の町・江戸東京を歩く』（PHP新書）等によると、坂名の由来は次のとおりである。

　《この坂から少し離れた所に松平播磨守の屋敷がある。松平家の習わしとして、徒士（主君の警備に当たる下級武士）を新規に雇い入れる場合、主君が江戸城に登城する際に、玄関先で麻の裃姿で目見えした後、すぐに衣服を改めて追いかけ、この坂までに行列の供に加わることとしていた。この坂までに追いつけなかったときは、遅刻の罰金として三百文を出すこととなっていたため、家臣らがこの坂を「三百坂」と呼んでいた。》

　江戸切絵図を見ると「三百サカ」の北西に「松平播磨守」（常陸国府中藩藩主松平家）の屋敷がある。また、「文」は往時の通貨の最小単位であり、いまも「早起きは三文の徳」等の言い回しが残っている。江戸時代、蕎麦１杯の値段が16文だった（「二八そば」の語源）ことから、300文の価値がおおよそ推測される。

江戸切絵図　東都小石川絵図（部分）

（国際日本文化研究センター蔵）

牛坂
うしざか

東京都文京区春日

柳町小学校

東京学芸大学
附属竹早小学校

三百坂

白山通り

都営三田線

竹早高等学校

淑徳SC
中等部・高等部

春日通り

礫川小学校

東京メトロ丸ノ内線

東京メトロ南北線

春日駅

首都高速5号池袋線

第三中学校

中央大学
後楽園キャンパス

後楽園駅

牛坂

筑波大学附属
大塚特別支援学校

礫川公園

後楽園駅

後楽公園　東京ドーム

　54段の階段を上って北野神社（牛天神）の境内に入ると、社殿近くに牛石（牛に似た自然石）がある。源頼朝が奥州東征の際に当地で休息をしたとき、夢の中で牛に乗った菅原道真から「二つの喜びがある」と告げられたが、その傍らにあった大きな石が道真の乗っていた牛に似ていたので、これを「牛石」と呼んだ。その年に長男の頼家が誕生し、その翌年に平家が滅亡したので、1184年、頼朝は、この牛石を祀り、牛天神を創建した。その由来から、境内にある牛石は「なで石」とか「ねがい牛」と呼ばれ、これをなでると願いがかなうといわれている。

　牛天神の手前の小道を北に進むと、右に直角に曲がり、次いで急勾配で上る。これが「牛坂」であり、往時と同様と思われる狭い道幅の峻険な坂で、江戸時代にタイムスリップをしたかのような雰囲気を味わうことができる。江戸切絵図にも「牛サカ」とあり、その直角に曲がる箇所に「牛石」との表示がある。かつて牛石は境外のこの場所にあり、坂名の由来は、まさにその牛石が坂下にあったからだ。

江戸切絵図　東都小石川絵図（部分）

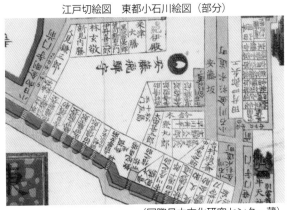

（国際日本文化研究センター蔵）

鐙坂
あぶみざか

東京都文京区本郷

東京大学

都営三田線

東京メトロ南北線

春日駅

清和公園

鐙坂

樋口一葉
菊坂旧居跡

宮沢賢治
下宿跡

本郷通り

文京区民センター

後楽園駅

白山通り

文京ふるさと
歴史館

本郷小学校

春日通り

本郷三丁目駅

東京メトロ丸ノ内線

　「鎧坂」は急峻な坂である上、脇の崖や坂下の門のある民家などが相俟って趣の深い雰囲気を漂わせていた（左頁の写真）。この鎧坂を初めて訪れたとき魅了され、その後も何回か訪れている（もっとも、つい最近訪れると、民家が建て替えられており、その雰囲気は一変していた。）。鎧とは足踏の意であって、鞍の両脇から馬の脇腹に垂らし、乗り手が足を踏みかける馬具である（新明解国語辞典）。坂名の由来については、この坂の付近に鎧の製作者の子孫が住んでいたからとか、この坂の形状が鎧に似ているからとかいわれている。

　鎧坂を上り、坂上を左折して小道を進むと「炭団坂」の坂上に至る。坂名の由来については、往時、付近に炭団の商売をする者が多く住んでいたからとも、昔は階段坂ではない急坂であり、雨上がりなどに人が転ぶと泥だらけとなり、それが真っ黒な炭団のような姿であったからともいわれている。炭団とは、木炭等の粉を布海苔等で球状に固めた安価な燃料で、確かに外観は真っ黒である。炭団坂は、現在は瀟洒な53段の階段坂であり、往時の情況を想像することは難しい。

炭団坂

東京都文京区本郷

本郷通り

見返り坂

見送り坂

東京大学

菊坂通り

本郷小学校

254

本郷交番

都営大江戸線

本郷三丁目駅

　本郷三丁目交差点から本郷通りを北に進むと、左手の菊坂通りの前辺りまで緩やかに下り、次いで緩やかに上る。緩やかに下るのが「見送り坂」で、緩やかに上るのが「見返り坂」である。いずれの傾斜も、じっくりと見ないと分からないほど僅かである。石川悌二『東京の坂道』（新人物往来社）によると、明治時代の道路改修で坂の形はなくなったというが、ほんの僅かな傾斜は残っている。

　江戸時代前の太田道灌の時代に、その領地の境目のこの地に「別れの橋」があり、この橋から領地の外に罪人などを追放していた。追放される者の親類縁者らがこの橋まで下る坂から追放される者を見送り、追放される者がこの橋から上る坂から親類縁者らを見返ったので、それぞれ「見送り坂」「見返り坂」と呼ばれたのだという。

　その歴史を知って訪れると、見送りや見返りの光景が目に浮かび感慨深い。その別れの橋が架かっていたという川だが、本田創『東京「暗渠」散歩』（洋泉社）によると、かつて東京大学本郷キャンパス（加賀藩主前田家の上屋敷）内の水源から本郷通り（中山道）を横切り、菊坂通りに沿って流れていた小川があり、その小川に架かる橋が「別れの橋」とか「なみだ橋」と呼ばれていたという。

　本郷通りから先ほどの菊坂通りに入ると緩やかな下り坂が長々と続く。これが「菊坂」である。その坂名は、昔、この辺りで菊を栽培する人が多く住んでいたことにちなむ。

相生坂

あいおいざか

東京都文京区湯島

蔵前橋通り

末広町駅

本郷通り

東京メトロ丸ノ内線

文京区

神田神社

昌平小学校

東京医科
歯科大学

湯島本郷通り

昌平橋通り

外神田

御茶ノ水駅

本郷通り

湯島聖堂

東京メトロ銀座線

中央線

神田川

相生坂

御茶ノ水駅

外堀通り

総武線

千代田区

淡路坂

昌平橋

新御茶ノ水駅

　かつて、この湯島聖堂前の「相生坂」と神田川を挟んで並行する対岸の坂の2つの坂を併せて相生坂と呼んでいた。元々、相生とは、一つの根元から二つの幹が分かれ出ることであり、それが坂名の由来である。が、現在は、その対岸の坂を「淡路坂」と呼び、この坂のみを「相生坂」と呼んでいる。

　この相生坂は、広重の『名所江戸百景』の「昌平橋聖堂神田川」に湯島聖堂の階段状の白い練塀の前に見事に描かれている。湯島聖堂は、そもそも、1632年に林羅山が上野忍ヶ丘の邸内に孔子廟を建てた後、1690年、5代将軍綱吉が儒学の振興を図るため、その孔子廟を湯島に移転して「聖堂」と称したことに始まる。その後、1797年、幕府は、その直轄学校として昌平坂学問所（昌平黌）を開設し、幕末まで続いた。現在の建物は、1935年に旧聖堂を模して再建されたものであるが、広重の「昌平橋聖堂神田川」と同様の階段状の白い練塀があり、江戸の風情を存分に醸し出している。

広重　名所江戸百景　昌平橋聖堂神田川

（国立国会図書館蔵）

妻恋坂

つまこいざか

東京都文京区湯島

妻恋神社　妻恋坂

練成公園

蔵前橋通り

本郷通り

東京メトロ丸ノ内線

文京区

神田神社

東京医科
歯科大学

末広町駅

本郷通り

外堀通り

昌平小学校

御茶ノ水駅

湯島聖堂

昌平橋通り

外神田

東京メトロ銀座線

東京メトロ日比谷線

中央線

神田川

相生坂

御茶ノ水駅

　妻恋神社（妻恋稲荷）の前辺りから下る坂が「妻恋坂」である。このロマンチックな坂名は、むろん妻恋神社があるからだ。NHKの時代劇「妻は、くノ一」（2013年放映）での一場面だが、店子の雙星彦馬から長屋の近所の妻恋稲荷のいわれを訊かれ、大家は、こう答えた。「文字通り、妻を恋い慕うわけですよ。日本武尊が東北征伐の折りだよ、海が大荒れで難儀したとき、女房の弟橘姫が海に身を投じて嵐を鎮めたわけだ。征伐はうまくいった。が、女房は海の藻屑と消えた。嘆かわしや日本武ってんでこれが建ったんだね。」彦馬は「私の想いそのままの神社だ」と言って姿を消した妻の織江を想い参拝するが、大家の説明は妻恋神社の由緒通りだ。

　江戸時代には関東総司として王子稲荷（124頁）と並んで参詣人が多かったという。正月2日の晩に枕の下に敷いて寝ると良い夢を見るという縁起物の木版刷りの夢枕でも有名だ。江戸切絵図には「妻恋稲荷」とあり、その前の道に「ツマコヒサカ」とある。

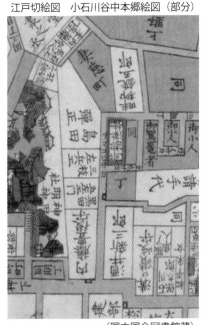

江戸切絵図　小石川谷中本郷絵図（部分）

（国立国会図書館蔵）

79

無縁坂
<ruby>無<rt>む</rt>縁<rt>えん</rt>坂<rt>ざか</rt></ruby>

東京都文京区湯島

東京大学

東京大学 赤門

本郷通り

本郷三丁目駅

天澤山
麟祥院

無縁坂

不忍通り

不忍池

旧岩崎邸庭園

上野
年金事務所

東京メトロ千代田線

文京区教育センター

切通公園

都営大江戸線

朝日通り

湯島駅

湯島天満宮

　旧岩崎邸庭園の北側にある坂道であり、さだまさしの歌「無縁坂」でも有名である。旧岩崎邸庭園の煉瓦塀が、いうにいわれぬ風情を醸し出している。坂名の由来について、『ぶんきょうの坂道』（文京ふるさと歴史館）は、「現在も坂の北側に称仰院があるが、初め講安寺の開山の隠居地で、無縁寺と称したという。」と説明している。付近に無縁寺があったから「無縁坂」なのだ。旧岩崎邸庭園は有料で一般公開されており、私も坂道散策の後に訪れた。

　江戸切絵図を見ると、旧岩崎邸庭園の地に「榊原式部大輔」とあり、当時、越後高田藩主榊原家の中屋敷があった。1878年に三菱財閥の初代の岩崎弥太郎の所有となり、3代の岩崎久弥が1896年に英国人建築家のジョサイア・コンドルの設計で洋館と撞球室を建てた。かつて私が司法修習生であったとき、司法研修所の敷地内に旧岩崎邸があった。懐かしい想い出である。

　無縁坂の坂上に東京大学本郷キャンパスがある。三四郎池や赤門で有名だが、この一帯を江戸切絵図で見ると「加賀中納言殿」とあり、ここに加賀藩の藩主前田家（大名の中で最大の102万5000石を領していた。）の広大な上屋敷があった。初代藩主の前田利家と正室のまつを主人公とした2002年のNHK大河ドラマ「利家とまつ」を想い出す。3代藩主利常が庭園・育徳園を造成し、その池は心字池と名付けられたが、その後、夏目漱石の『三四郎』に登場してから三四郎池と呼ばれるようになった。また、1827年に13代藩主斉泰が11代将軍家斉の娘の溶姫を正室に迎えた際に建てられた朱塗りの門が赤門である。

団子坂

だんござか

東京都文京区千駄木

須藤公園

東京メトロ千代田線

本郷図書館

東洋大学国際会館

団子坂

千駄木駅

第八中学校

不忍通り

汐見小学校

「団子坂」は不忍通りから本郷台地に上る坂であり、途中で左に大きく屈曲する。江戸切絵図にも「ダンゴサカ」とあるが、当時の坂は現在よりも急峻で道幅も狭かったという。広重の『名所江戸百景』の「千駄木団子坂花屋敷」の上部にある2棟の建物は、花屋敷内にあった茶亭・紫泉亭であり、断崖といってもいい場所に建てられていて、その眺望は絶景であったという。江戸時代、この団子坂で植木屋らが庭園を眺めながら飲食のできる茶亭を始めた。植木職人の楠田宇平次が1852年に花屋敷を開いて紫泉亭を建て、これが人気を博した。その春の桜花の頃の賑わいぶりが「千駄木団子坂花屋敷」に描かれているのだ。手前に見えるのは庭園内にあった花菖蒲の池である。

坂名の由来については、昔、この坂の下に団子屋があったからとか、急坂で雨の日に転ぶと泥まみれの団子のようになったからとかいわれている。また、別名もあり、『江戸名所図会』の挿絵では、根津権現の旧地付近の「千駄木坂」として描かれている。

広重 名所江戸百景 千駄木団子坂花屋敷

（国立国会図書館蔵）

東京都文京区千石

猫股坂

　不忍通りを千石三丁目交差点から千石駅方向に上る坂が「猫股坂」（猫股は、猫又、猫貍、貍とも表記される。）と呼ばれている。上記の交差点付近に千川（現在の千川通り）に架かる猫股橋があり、その橋に下る坂であることから「猫股坂」と呼ばれた。江戸切絵図（近江屋板）を見ると「子コマタサカ」「此下猫股橋」とある。猫股とは猫の妖怪である。猫の目をもち、犬ほどの大きさで、尾が二つに分かれ、よく化けて人に害を与えるという（大辞林）。その猫股にちなむ橋名であるとする説があり、『ぶんきょうの坂道』（文京ふるさと歴史館）によると『続江戸砂子』に次の話があるという。

　《昔、この辺りに貍がいて、夜な夜な赤手拭をかぶって踊るという話があった。いつの頃か、大塚辺りに愚かな道心者（少年僧）がいて、巣鴨の辺りに葬儀の会食に招かれ、その帰り、夕暮れどきに、薄や刈萱の茂る中を白い獣が追ってくるので、かの貍かと、あわてて逃げて千川にはまった。それから、川が貍川、橋が貍橋と呼ばれた。》

　他方で、往古の橋は「木の根っ子の股」の橋であったから、「根子股橋」と呼ばれ、それが「猫股橋」に転訛したとする説もある。

　上記のとおり、現在は不忍通りの坂が猫股坂と呼ばれているが、正確ではない。本来の猫股坂の一部は、不忍通りの坂の南東側を並行して急勾配で上るシャンボール文京前の小道として現存する。その狭隘で険阻な坂が往時の「猫股坂」の雰囲気を感じさせてくれる。

湯立坂
ゆたてざか

東京都文京区小石川

大塚公園
東京メトロ丸ノ内線
猫股坂
大塚小学校
不忍通り
大塚窪町公園
簸川神社
春日通り
筑波大学
湯立坂
お茶の水女子大学
窪町小学校
跡見学園中学校・高等学校
茗荷谷駅
第一中学校
明化小学校
白山通り
林町小学校
明化幼稚園
第十中学校
坂下通り
小石川植物園
千川通り

　「湯立坂」は、茗荷谷駅付近の窪町東公園の先から右に左に緩やかに大きく湾曲しながら千川通りに向かって下る坂である。その湾曲が魅力的な上、坂の両側に木々が多く、森のトンネルを抜けるような爽やかな雰囲気がある。坂下の千川通りには、かつては、千川（小石川、礫川）が流れていた。江戸切絵図には千川の流れが明確に記載されている。鮎や鰻、泥鰌などが捕れ、蛍が舞っていたという。往古は、この辺り一帯は入江になっていたため、その対岸にあった氷川明神（現在の簸川神社だが、当時は、小石川植物園の地にあったとされる。）に渡ることが容易でなかったので、氏子たちは、手前のこの坂の辺りで湯花を捧げたという。湯花とは湯が沸騰したときに浮き上がる泡のことである。神社では、神職や巫女が、これを笹の葉に付け、参詣人にかけ浄めたり、神託を仰いだりしたが、この儀式を湯立と呼ぶ。これが坂名の由来である。

　江戸切絵図を見ると、湯立坂は「松平大学頭」の屋敷に面している。陸奥国守山藩主松平家の屋敷である。江戸時代初期の1659年に徳川光圀（常陸国水戸藩２代藩主。水戸黄門）の弟の松平頼元がこの地に屋敷を建て、頼元の長男の頼貞が家督を継ぎ、陸奥国守山藩初代藩主として２万石を領した。その上屋敷（約6万2000坪の広大なものだったという。）の庭園・占春園は、江戸の名園の一つであり、不如帰の名所としても有名であったという。占春園は現存し、一般公開されている。私も坂道散策の途中で訪れたことがある。桂や銀杏等の樹木が鬱蒼と繁り、その静謐が都会の喧噪を忘れさせてくれる。

網干坂
あみほしさか

東京都文京区白山

明化小学校
明化幼稚園
白山通り
林町小学校
第十中学校
大塚公園
東京大学大塚分校
播磨坂
大塚小学校
不忍通り
大塚窪町公園
網干坂
小石川植物園
春日通り
筑波大学
千川通り
窪町小学校
湯立坂
お茶の水女子大学
跡見学園中学校・高等学校
茗荷谷駅
第一中学校
御殿坂

　湯立坂を下り、千川通りを渡り、直進すると上り始める。これが「網干坂」である。坂名は、昔は坂下が入江であり（湯立坂の解説参照）、付近に漁師の集落があり、この坂で漁師が網を干していたことにちなむ。江戸切絵図にも「アミホシサカ」と明記されている。

　坂の左手にある簸川神社は、小石川植物園の地で創建されたと伝えられるが、1652年に3代将軍家光の四男徳松（後の5代将軍綱吉）の白山御殿（小石川御殿）造営のために原町に移り、1699年に現在地に移った。江戸時代には氷川明神と称し、小石川総社として江戸名所の一であった。その後、氷川神社と改称し、さらに簸川神社と改称した。御薬園坂の箇所での説明のとおり（33頁）、白山御殿の地に1684年に麻布御薬園が移転してきて小石川御薬園となり、現在の小石川植物園に至る。小石川植物園の東側にも網干坂に平行する「御殿坂」がある。坂名は、むろん、小石川植物園の地に白山御殿（小石川御殿）があったことにちなむ。

御殿坂

コラム-④ 「江戸切絵図散歩」

　「坂道散策のきっかけは何なのですか。」よく訊かれます。きっかけは一冊の本でして『古地図ライブラリー別冊 切絵図・現代図で歩く もち歩き 江戸東京散歩』（人文社）です。2003年7月1日発行の第1版を買いました。その頃、法務省民事局民事第二課の課長をしていました。不動産登記制度を所管する課でして、登記所に備え付ける地図の整備に躍起になっていました。仕事柄、古い地図を見ることもあり、江戸時代の地図、すなわち、江戸切絵図にも興味を抱いていました。書店で偶然見つけた上記の本は、尾張屋板の江戸切絵図と、ほぼ同じ地域を現代の地図で図取りして対照している優れた本です。「これだ！」と興奮して買った記憶があります。

　その後は、この本を片手に東京を散策していました。そのうちに、江戸時代の地図と現代の地図が符合する箇所が相当数あることに気づきました。多くは、神社仏閣ですが、坂についても江戸時代の坂がほぼそのまま現存することに大いに驚きました。「この坂を町人や武士も歩いていたのか…」。そう思うと感慨深いものがあります。その上、散策をしていますと、坂の付近に各区の教育委員会が設けた標柱や標識があり、坂名やその由来を解説しています。古本屋等で探すと幾つもの解説書が見つかりました。「坂は面白い」と感じるようになり、次第に坂道散策にのめり込んでいきました。

　江戸切絵図は、使いやすいように地区別に作成された絵図であり、主として「近江屋板（近吾堂板）」と「尾張屋板（金

鱗堂板)」があります。私が買った本は尾張屋板の江戸切絵図を載せていました。この本を参照しながら坂道散策をしていた（現在も、している）関係上、「坂道をゆく」の連載でも本書でも、原則として尾張屋板の江戸切絵図を参照・掲載し、必要に応じて近江屋板の江戸切絵図を参照しています。

　上記の本を片手に坂道散策に夢中になっていると、ある日、妻が別の本をプレゼントしてくれました。池波正太郎著『江戸切絵図散歩』（新潮文庫）です。近江屋板の切絵図も、尾張屋板の切絵図もふんだんに載っていますし、何よりも池波先生の練達の文が素晴らしい。この本を読んで坂道散策をすると愉しさが倍増しました。

　その後も、坂道散策を続け、その愉しみを広く語っていますと、月刊登記情報の編集部の佐藤友紀さん（当時）が、ある会合でたまたま私の坂道散策に関する話を聞き、坂道を紹介する連載を企画し、熱心に連載を勧めてくれました。その企画は江戸時代から続く東京の坂を12回で紹介するというものでした。上記の経緯から、私は江戸切絵図や浮世絵も載せて江戸の風情を感じていただこうと思い、そうしました。その後、私が仙台に赴任すると仙台でも江戸時代から続く坂を探してみませんかとのお話を頂き、連載が続き、さらに、連載が継続し、「はじめに」に書きましたとおり、連載は、結局、九州各地の坂を含めて73回にも及びました。

御殿<ruby>山<rt>やま</rt></ruby>の<ruby>坂<rt>さか</rt></ruby>
<ruby>御殿<rt>ごてん</rt></ruby>

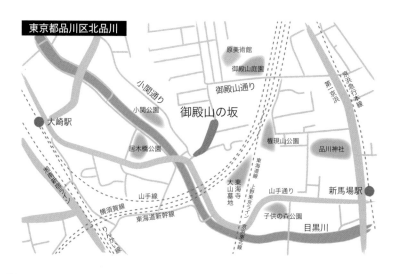

東京都品川区北品川

原美術館
御殿山庭園
御殿山通り
小関通り
小関公園
御殿山の坂
大崎駅
居木橋公園
権現山公園
品川神社
東海道線
上野東京ライン
大山寺
東海道線
大山墓地
山手通り
新馬場駅
山手線
横須賀線
子供の森公園
東海道新幹線
目黒川
京浜東北線
京浜急行本線
第一京浜

　「御殿山の坂」は相当な急勾配だが、往時は、もっと険しかったという。坂名の由来は、江戸時代、御殿山に上る坂であったからだ。それ以前の室町時代、この山には太田道灌の館があり、ここから道灌は江戸城に移転したという。江戸時代の寛永の頃（1624年〜44年）、この山に徳川将軍家の別邸「品川御殿」が建てられたので、「御殿山」と呼ばれるようになった。将軍が鷹狩のとき休息をしたり、茶会を催したりしていたが、1702年に焼失した。再建されないまま、1716年に8代将軍に就任した徳川吉宗が享保の改革の一施策として飛鳥山とともに御殿山に吉野の桜を植樹して園地化を進めて花見の名所となり、大勢の人々が押しかけた。江戸切絵図にも「御殿山 桜ノ名所ナリ」とある。広重の『江戸むらさき名所源氏』の「御殿山花見 見立花の宴」が当時の花見の盛況ぶりを伝えてくれる。この作品の中央に花見を楽しむ女性が描かれている。よく見ると、右手に猪口を持っているし、手前に酒の燗をする道具があり、奥には重箱もある。

江戸むらさき名所源氏　御殿山花見 見立花の宴

（国立国会図書館蔵）

禿坂

かむろざか

東京都品川区西五反田

山手通り

東急目黒線

目黒川

ひかり陵苑

禿坂

かむろ坂通り

第四日野小学校

不動前駅

かむろ坂公園

攻玉社
中学校・高等学校

桐ヶ谷氷川神社

「禿坂」は約500メートルもの都内屈指の長い坂である。この禿坂通りの両側には多数の桜の並木があり、その見事な桜花を楽しみながら散策をすることとしている。その坂名は、大石学『坂の町・江戸東京を歩く』（PHP新書）によると、次の悲話に由来する。

《因幡国鳥取藩松平相模守の家臣平井正左衛門の子・平井権八郎直定（通称・平井権八）は、武芸に優れていたが、粗暴であり、喧嘩早いことで知られていた。権八は、父を侮辱した同じ藩の本庄助太夫を討ち、そのまま脱藩した。その後、江戸に出て足軽奉公などをしていたが、やがて吉原に足繁く通うようなり、大店・三浦屋の遊女・小紫と知り合った。吉原通いの金を工面するため、辻斬りや強盗に手を染め、追われる身となったが、自首の後、1679年11月に鈴ヶ森刑場で処刑された。小紫は、夫婦になる約束までしていた権八の死を悲しみ、東昌寺の権八の墓の前で自らの命を絶ってしまった。小紫に仕え小紫を慕っていた禿も池に身を投げ、小紫の後を追った。その禿を哀れんで、池の付近の坂を「禿坂」と呼んだ。》

遊女に仕え遊女となるための厳しい躾を受ける少女たちは、当初、その髪型が禿（おかっぱ）だったことから「禿」と呼ばれていた。小紫に仕えた禿が小紫の様子を見に行く途中で暴漢に襲われて池に身を投げたとの説もある。ともあれ、禿が身を投げた池は、禿坂に沿う「かむろ坂公園」の地にあったが、埋め立てられ、現存しない。また、東昌寺も、付近の目黒不動尊の門前西側にあったが、廃寺となり、現存しない。

仙台坂
せんだいざか

東京都品川区南品川

上野東京ライン

品川特別支援学校

ゼームス坂通り

品川エトワール
女子高等学校

青物横丁駅

京浜急行本線

第一京浜

大井町駅

りんかい線

海晏寺

仙台坂

池上通り

　現在の地図は、池上通りを第一京浜に向かって下る坂道に「仙台坂」の表示をしているし、この坂道の付近に「仙台坂」との標識もあるが、この坂は江戸時代の本来の仙台坂ではない。前頁の地図・写真に示す仙台坂が本来の仙台坂である。付近の標識によると、江戸時代、この坂の付近に仙台藩主伊達家の下屋敷があったから「仙台坂」と呼ばれていたが、現在は池上通りの坂道が拡幅されて交通量が増加したため、その坂を「仙台坂」と呼び、江戸時代の仙台坂を「旧仙台坂」と呼ぶことになったという。しかし、江戸時代以来の本来の仙台坂をそのまま「仙台坂」と呼び、池上通りの坂を（新たに命名するのなら）新仙台坂とでも呼ぶべきだと思う。この仙台藩主伊達家の下屋敷（大井下屋敷）では、江戸在勤の仙台藩士（約3000人とも）のために仙台から原料を取り寄せて仙台味噌を製造していた。その味噌蔵を明治時代に引き継いだ八木合名会社仙台味噌醸造所が坂上にあり、現在も仙台味噌を製造販売している。

　本来の仙台坂の北側に海晏寺（かいあんじ）がある。付近の浜に揚がった大鮫の腹から正観音の木像が出現し、これを安置するため1251年に創建された古刹である。江戸を代表する紅葉の名所として有名であり、江戸市中から訪れる行楽客で賑わったという。『江戸自慢三十六興』（3代豊国・2代広重）にまさに「海案寺紅葉」との作品があり、海晏寺での紅葉狩りの光景をいまに伝えてくれる。なお、上記の鮫の逸話から、この海岸付近が「鮫洲（さめず）」と呼ばれるようになったという。現在も、東京に住む者にとっては「鮫洲運転免許試験場」でなじみのある地名である。

コラム-⑤ 「一口坂」「冬青木坂」

　「一口坂」（千代田区九段北三丁目）は難読の坂名の筆頭かと思われます。大抵の人は「ひとくちざか」と読みますが、正式には「いもあらいざか」と読みます。坂付近の千代田区の標柱もそう説明しています。その上、難解な坂名でもあります。外濠工事の人夫に疱瘡（いも・いもがさ・へも）が流行したとき、これを洗う（治す）霊験あらたかな一口稲荷（いもあらいいなり）を京都から勧請し、その一口稲荷が付近にあったため、一口坂と呼ばれたといわれています。

　「冬青木坂」（千代田区富士見一丁目）も難読の坂名ですが、江戸切絵図に「モチノ木坂」とあり、その読み方が分かります。その由来は、この坂の付近にモチノキ（黐の木）があったからとか、常盤木（常緑広葉樹）をモチノキに見誤ったことからとかいいます。モチノキとの名称は、その樹皮から鳥黐（とり・もち）（鳥や昆虫などを捕らえるのに使う粘質性の物質）の原料を採ることに由来します。九段坂と平行する坂であり（10頁の地図参照）、冬青木坂は、ほぼ江戸時代のままの険阻な坂であり、昔の九段坂の急勾配が偲ばれます。

　冬青木坂の坂上を右折して進むと「二合半坂」（にごうはんざか）（千代田区富士見一丁目）の坂上に至ります。この坂から日光山が半分見えるが、日光山は10合まである富士山の半分の5合の高さであり、この坂から見えるのは5合の半分の2合半であるからとか、急坂であるため1合の酒を飲んでも2合半の酒を飲んだときのように酔ってしまうからなど諸説があります。

「三べ坂」（千代田区永田町二丁目）も難解ですが、江戸切絵図を見ると意味がよく分かります。この坂の東側に和泉伯太藩主渡辺家の上屋敷と武蔵岡部藩主安部家の上屋敷があり、西側に和泉岸和田藩主岡部家の上屋敷があり、渡辺の辺、安部の部、岡部の部の三つの「べ」を採って「三べ坂」と名付けられたのです。

　これに類する坂が「紀尾井坂」（千代田区紀尾井町）です。江戸時代、東京ガーデンテラス紀尾井町等の所に「紀」州徳川家の中屋敷が、上智大学等の所に「尾」張徳川家の中屋敷が、ホテルニューオータニの所に「井」伊家の中屋敷があり、これらの中屋敷に隣接している坂であったことから、その頭文字を採って「紀尾井坂」と名付けられました（18頁の地図参照）。明治時代になり、紀尾井坂があることから「紀尾井町」となりました。

冬青木坂

行人坂

ぎょうにんざか

東京都目黒区下目黒

田道広場公園

目黒区民
センター公園

目黒区美術館

中目黒幼稚園

馬喰坂

目黒日本大学
中学校・高等学校

目黒三田通り

湘南新宿ライン・埼京線・山手線

都営三田線

権之助坂

目黒駅

行人坂

大圓寺

ホテル
雅叙園東京

山手通り

目黒川

目黒通り

大鳥中学校

東急目黒線

　「行人坂」は目黒駅前からホテル雅叙園東京に至る坂である。道幅が狭く、下るときに転びそうになるほど急峻な坂である。江戸時代の道幅も３間（5.5メートル）だったというから、今も余り変わっていない。坂下は目黒川に架かる太鼓橋に通じている。江戸時代の太鼓橋は当時としては珍しい石造りの橋であり、半円形の反橋であったが、大正時代に豪雨で流されて現存しない。広重の『東都坂尽』の「目黒行人阪之図」は坂上からの眺望を描いた作品であり、かつて坂上から富士山がよく見えたことが分かる。この作品の右手の坂上にある店は、富士山が見える茶屋として大いに賑わっていた富士見茶屋である。

　坂名の由来については、中腹の南側にある大圓寺が関わる。この古刹は1624年に出羽湯殿山の修験僧の大海法印が大日如来を本尊として道場を開いたことに始まると伝えられ、その後、多くの行人（修行者）が集まったので「行人坂」と呼ばれた。

広重　東都坂尽　目黒行人阪之図

（国立国会図書館蔵）

東京都目黒区目黒

田道広場公園

目黒区民
センター公園

目黒区美術館

中目黒幼稚園

馬喰坂

目黒日本大学
中学校・高等学校

権之助坂

目黒三田通り

湘南新宿ライン・埼京線・山手線

目黒駅

都営三田線

行人坂

大圓寺

ホテル
雅叙園東京

山手通り

目黒川

目黒通り

大鳥中学校

東急目黒線

ホテル ミッドイン目黒駅前

　行人坂が険峻な坂道で通行に不便であったことから、その付近に新しく開かれた坂道が「権之助坂」である。現在は、目黒駅前から目黒川に架かる目黒新橋に至る400メートルほどの道幅の広い坂道（目黒通り）であり、確かに行人坂よりも勾配は緩やかである。交通量が多い上、坂道の両側に多数の飲食店等の商店が並び、人通りも多い繁華街の坂道である。

　昔の本来の権之助坂は下るときに途中から右手の細道に進む道筋だともいわれている。しかし、1657年頃の明暦江戸大絵図にも現在と同様の目黒新橋に至る坂道として表示されており、右手に進む細道は記載されていないから、「権之助坂」は当初から現在と同じ道筋であったと思われる。

　坂名の由来については、中目黒村田道の名主・菅沼権之助に関係することでは一致しているが、大別して２つの説がある。

　A説は、行人坂が険阻な坂で多くの人が通行に難儀をしていたので、権之助が私財を投じて新しい坂道を切り開いたが、当時は江戸の防御のために勝手に道を設けることが禁じられていたため、許可を得ずに道を切り開いた罪により死罪に問われたことに由来するという。

　これに対し、B説は、権之助が村人のために年貢の取り立てを緩めることを嘆願したが、これが直訴として死罪に問われ、刑場に連れて行かれる際に、この坂（当時は「新坂」と呼ばれていた。）の上から最後の別れと自分が育った家に向かって振り返ったことから、村人たちが、権之助が村に尽くした功績を称えて「権之助坂」と呼ぶようになったという。

馬喰坂
ばくろ（うま）ざか

東京都目黒区中目黒

田道広場公園

目黒区民
センター公園

馬喰坂

目黒区美術館

中目黒幼稚園

目黒日本大学
中学校・高等学校

目黒三田通り

湘南新宿ライン・埼京線・山手線

目黒駅

権之助坂

行人坂

大圓寺

ホテル
雅叙園東京

山手通り

目黒川

目黒通り

大鳥中学校

都営三田線

東急目黒線

　「馬喰坂」は蛇行しながら急勾配で上る。坂名の由来について、急峻な坂で馬喰が馬や牛を引くのに苦労をしたからとの説がある。馬喰とは馬や牛の売買やその仲介をする人のことである（古くは伯楽といい、これが「馬喰」に変化したという。）。

　他方で、峻険な坂であったため、坂上の路面を切り下げ、その切り土で坂下の路面を高め、傾斜を緩める工事をしたが、頂上部に庚申道が交差していたので、思い切った工事をすることができず、路面がいつも風雨に晒され、大小の穴を開けた状態であり、この状態を目黒の古い方言は「ばくろ」と呼んでいたため、「ばくろ坂」と呼ばれたとの説もある。この説は「馬喰」は単なる当て字だという。

　坂上を右折して少し進むと「なべころ坂」の坂上に至る。坂名の由来については、鍋が転がるほどの急坂であったことからとする説と、「なべごろ坂」であり、坂の赤土が雨や雪でぬかっており、その状態を指す目黒の古い方言「なべごろ」からとする説がある。

なべころ坂

目切坂

めきりざか

東京都目黒区青葉台

青葉台1丁目

西郷山通り

旧山手通り

代官山駅

目切坂

旧朝倉家住宅

東急東横線

東京音楽大学

東京メトロ日比谷線

目黒川

中目黒1丁目

山手通り

駒沢通り

目黒学院
中学校・高等学校

上目黒3丁目

中目黒駅

　「目切坂」は、湾曲や急勾配がとても魅力的であり、また、坂の両側に木々が鬱蒼と繁り、落ち着いた風情を醸し出している。坂の北側に重要文化財の旧朝倉家住宅があり、その庭園から目切坂を眺めることができる。坂名については、丸旦山（まるたんやま）の山頂から麓までの斜めの切り通しの坂であり、ひき臼の目切りに似ていたからとか、この坂の付近で伊藤与兵衛（伊藤與右ヱ門とも）がひき臼の目切りを生業（なりわい）としていたからとかいう。

　坂上には1812年に上目黒の富士講の人々が築いた12メートルの高さの富士（塚）があり、美しい姿のため、人気を博していた。その後、近くに新しく築かれた富士（塚）が「新富士」と呼ばれたため、目切坂の富士は「元富士」と呼ばれた（109頁）。広重の『名所江戸百景』に「目黒元不二」との作品があり、この元富士の情景を今に伝えてくれる（元富士は1878年に取り壊されて現存しない。）。

　目切坂は、東国武士が「いざ鎌倉」と鎌倉に馳せ参じるための鎌倉街道の一であり、坂下の目黒川に架かる宿山橋（しゅくやまばし）を経て小川坂に至る。

広重　名所江戸百景　目黒元不二

（国立国会図書館蔵）

東京都目黒区中目黒

東京音楽大学

長谷戸小学校

恵比寿公園

恵比寿駅

東京メトロ日比谷線

東急東横線

埼京線・湘南新宿ライン・山手線

目黒学院
中学校・高等学校

別所坂

中目黒駅

防衛装備庁
艦艇装備研究所

山手通り

目黒川

東京共済病院

中目黒公園

　坂名は坂下の地名の「別所」にちなむ。別所とは、一般には新しく開墾した土地を意味するが、目黒では行き止まりを意味するという。別所坂は細い道幅で蛇行しながら上る峻険な坂であり、坂上に古い庚申塔があることも相俟って坂上付近は江戸時代の風情を多分に残している。かつて麻布辺りから目黒に入る近道として重要な交通路であったという。

　坂上からの富士山の眺望は抜群であり、旗本の近藤重蔵が1819年に富士講の人々の協力を得て坂上の屋敷内に富士塚「新富士」を築いた（近くに目切坂の富士（塚）があったため、「新富士」と呼ばれた。）。近藤は千島列島や蝦夷地等の探検で有名である。広重の『名所江戸百景』には「目黒新富士」との作品もあり、この新富士の情景も味わうことができる。この作品中の手前の川は目黒川ではなく、玉川上水の分水の三田用水である。できる限り標高を温存するため尾根筋に開削され、別所坂の坂上付近を流れていたが、現存しない。この新富士も1959年に取り壊され、やはり現存しない。

広重　名所江戸百景　目黒新富士

（国立国会図書館蔵）

大坂
おおさか

東京都目黒区青葉台

駒場高等学校

第一中学校

警視庁
第三機動隊

淡島通り

山手通り

旧山手通り

玉川通り

青葉台4丁目

大坂

首都高速3号渋谷線

東急田園都市線

大橋2丁目

大橋1丁目

目黒天空庭園

青葉台3丁目

相坂

菅刈小学校

青葉台2丁目

　国道246号（玉川通り）を渋谷から池尻大橋方向に進み、「大坂上」バス停の先の三叉路を右に入って行く。その急勾配で下る小道が本来の「大坂」である（国道246号の坂ではない。）。坂上の標識によると、厚木街道の四十八坂のうち、急坂で一番大きな坂であったので、大坂と呼ぶようになったという。厚木街道とは大山街道のことであり、江戸時代、ほぼ足柄道に沿う形で新たに整備された矢倉沢往還である。享保年間、大山講が盛んになり、江戸から山岳信仰のある大山に詣でるための街道としても賑わったため、この頃から大山街道とも呼ばれるようになった。すなわち、大坂は、大山街道の一部であり、ほぼ江戸時代の頃の道幅、勾配、湾曲のままかと思われ、そこはかとなく江戸の風情が感じられる。

　付近に菅刈小学校脇まで急勾配で下る「相ノ坂（あいのさか）」がある。坂名は、大坂と新道坂（しんどうざか）（上目黒一丁目所在）の間にある坂であることからである。タモリさんも一目惚れした名坂である（『タモリのTOKYO坂道美学入門』104頁）。

相ノ坂

鉄飛坂
てっぴざか

東京都目黒区平町

平町2丁目

自由が丘1丁目

中根公園

寺郷の坂

鉄飛坂

緑が丘2丁目

中根小学校

みどり中根通り

自由が丘
熊野神社

緑小通り

大岡山1丁目

緑ヶ丘小学校

東急東横線

第十一中学校

東急大井町線

東京工業大学

自由が丘駅

　坂名の由来については、①平安時代、碑文谷の豪族・碑文谷太郎道政（ごさんねん）（のえき）が後三年の役に従軍し捕虜の「鉄の飛」を連れ帰り、この辺に住まわせたことから、②鎌倉時代、武蔵国の荏原一帯の領主・荏原太郎義利の家臣の鉄飛十郎兵衛が坂上に居住していたことから、③江戸時代、佐渡の金山で採掘方法について貢献をしたポルトガル人のテッピョウスが住み「鉄飛」との地名が生まれたことから、④山頂を意味する「てっぺん」の方言「てっぴ」に由来するなど諸説がある。坂上に帝釈天堂があり、堂内の庚申塔等は、有形文化財に指定されている。

　鉄飛坂を下り、呑川緑道（のみかわ）を横断すると少しずつ上り始める。これが「寺郷の坂（寺郷坂）」（てらごう）（さか）（てらごうざか）である。この坂が衾村の寺郷（ふすまむら）（坂上にある立源寺（りゅうげんじ）に由来する字名）にあったことにちなむ坂名である。鉄飛坂や寺郷坂の道は、江戸時代の品川道であり、奥沢にある浄真寺（じょうしんじ）（九品仏）（くほんぶつ）に参拝する際に利用されたという。坂上に衾村の名主を代々務めた旧家・岡田家の江戸時代の長屋門があり、落ち着いた情趣が感じられる。

寺郷の坂（寺郷坂）

　目黒区三田二丁目に「茶屋坂」があります。坂名の由来は、江戸時代、この坂の中腹に爺々が茶屋があったからです。目黒区の公式ウェブサイトによると、3代将軍家光が遊猟の帰りにしばしばこの茶屋に寄って休息をとり、茶屋の主人・彦四郎の素朴な人柄を愛し「爺、爺」と話し掛けたため、「爺々が茶屋」と呼ばれたといいます。その子孫の島村家（代々「彦四郎」を襲名）に当時の模様を伝える古文書「御成之節記録覚」や茶屋の図が保存されており、この古文書には、例えば1738年4月に8代将軍吉宗が猪狩りの折に茶屋に立ち寄ったときの彦四郎との会話が記載されているといいます。

広重の「目黒爺々が茶屋」に爺々が茶屋とその付近の茶屋坂が描かれています。秋晴れの穏やかな日、一面の稲田の先には富士山が見えます。この地が舞台の落語「目黒のさんま」は、上記のウェブサイト等によると、こう展開します。

　《遊猟の帰途、茶屋に寄った殿様は、空腹を感じ「何でもよいから早く

茶屋坂

出せ」と言った。彦四郎は、あり合わせのさんまを焼いて出した。山海の珍味に飽きた殿様の口に脂の乗ったさんまの味は格別で、ご満悦で江戸城に帰って行った。その後、殿様は家来にさんまを所望した。房州の網元から早船飛脚でさんまを取り寄せたが、気を利かせた御膳奉行は、頭を取り、小骨を取り、すっかり脂肪を抜いて差し出した。味も素っ気もなくなったさんまに殿様は不興で、「どこでとれたさんまか」ときき「銚子沖にございます」との返事に対し「銚子はいかん。さんまは目黒に限る」。》

茶屋坂は、往時、のどかな田園地帯にありました。現在は住宅街の坂ですが、屈折している道筋、狭い道幅、急峻な勾配等から古道の面影も感じられます。

広重　名所江戸百景　目黒爺々が茶屋

（国立国会図書館蔵）

勢揃坂
せいぞろいざか

東京都渋谷区神宮前

明治神宮外苑

神宮前2丁目

勢揃坂

明治神宮野球場

外苑東通り

都営大江戸線

國學院
高等学校

龍巌寺

青山中学校

青山高等学校

青山
熊野神社

秩父宮
ラグビー場

ス
タ
ジ
ア
ム
通
り

青山
一
丁
目
駅

神宮前3丁目

外
苑
西
通
り

青山通り

東京メトロ銀座線

外苑前駅

渋谷区

青山小学校

港区

青山霊園

　「勢揃坂」は龍巖寺の前辺りから緩やかに下り始め、慈光寺の前辺りに至る。源義家が後三年の役（1083年〜87年）で奥州に向かう際、渋谷城に滞留し、この辺りで軍勢を揃えて出陣したことから「勢揃坂」と呼ばれた。往古、この坂道は奥州街道であったのだ。付近の渋谷区設置の標識によると、桓武平氏良文の嫡流に当たる秩父十郎武綱（渋谷氏等の祖）も参陣して手柄を立てたという。

　上記の龍巖寺には、義家が腰を掛けたと伝えられる「腰掛石」があるという。また、江戸時代、この龍巖寺（当時は竜岩寺）は、その境内の回遊式庭園にある松の名木で有名であった。三間（約5.6メートル）も枝を広げていて「笠松」や「円座松」と呼ばれていた。『江戸名所図会』には竜岩寺の「笠松」として紹介されているし、葛飾北斎の『冨嶽三十六景』にも「青山円座松」との作品がある。近くの丸い円座松と遠くの尖った三角形の富士山を対照する構図であり、当時の光景を生き生きといまに伝えてくれる。

葛飾北斎　冨嶽三十六景　青山円座松

（山梨県立博物館蔵）

道玄坂

どうげんざか

東京都渋谷区道玄坂

公園通り
神宮通り
明治通り
渋谷1丁目
渋谷センター街
道玄坂2丁目
宮益坂
東京メトロ半蔵門線
東急田園都市線
渋谷駅
道玄坂
東京メトロ銀座線
渋谷2丁目
京王井の頭線
渋谷駅
渋谷駅
神泉駅
金王八幡宮
玉川通り
道玄坂1丁目
首都高速3号渋谷線
山手線・埼京線・湘南新宿ライン
円山町
渋谷3丁目
東急東横線
南平台町
桜丘町

　「道玄坂」は左に大きく湾曲しながら緩やかに上る道幅の広い坂道だが、昔の道玄坂は急勾配で道幅もかなり狭かったという。約600メートルもの長い坂を上ると道玄坂上交差点で国道246号（玉川通り）と合流する。現在は両側に多数の店が並ぶ繁華街の坂道である。江戸時代には大山街道（江戸から相模国の大山に参拝する街道）であり、江戸切絵図にも「道玄坂」と明記されているが、その周囲は田畑のみである。『江戸名所図会』の挿絵「富士見坂一本松」を見ても同様であって、とても寂しい場所であったものと思われるが、現在の状況からは想像すら難しい。

　坂名の由来については、鎌倉幕府との和田合戦で滅亡した和田義盛（鎌倉幕府の初代侍所別当）の一族の残党の子孫である大和田太郎道玄がこの坂の付近の窟中に隠れ住んでこの坂に出没して山賊をしていたことから（A説）とか、この坂の付近に道玄庵という寺があったことにちなむ（B説）という。A説に関連して、道玄が山賊をする際に登って旅人を見張っていたという「道玄物見の松」があり、その松が見える坂であることから「松見坂」と名付けられたと伝わる坂も道玄坂上の先にある。また、B説については、この地の領主で渋谷城を拠点とする渋谷氏が北条氏綱に滅ぼされたとき、その一族の大和田太郎道玄がこの坂の傍らに道玄庵を建てて住んだともいわれている。江戸時代の『江戸名所図会』も、現在の渋谷区公式ウェブサイトも、この2つの説を紹介している。

東京都渋谷区渋谷

公園通り

神宮通り

渋谷1丁目

渋谷センター街

明治通り

東京メトロ半蔵門線

宮益坂

道玄坂2丁目

東急田園都市線

東京メトロ銀座線

渋谷2丁目

道玄坂

渋谷駅

京王井の頭線

渋谷駅

渋谷駅

金王八幡宮

神泉駅

道玄坂1丁目

玉川通り

首都高速3号渋谷線

山手線・埼京線・湘南新宿ライン

東急東横線

渋谷3丁目

円山町

南平台町

桜丘町

　「宮益坂」は急勾配で狭い道幅であったが、1908年に改修され、現在の緩やかな勾配の道幅の広い坂になった。宮益坂も大山街道の道筋であって、江戸を出発した旅人の最初の休憩地として茶屋等があり、賑わっていた。広重の『不二三十六景』に坂上の青山辺りから富士山を望む構図の「東都青山」との作品がある。右手の建物は山城国淀藩主稲葉家の下屋敷で、左手の木の柵は妙祐寺（江戸切絵図の「角雲寺」は誤記か）の境内かと思われる。当初は「富士見坂」と呼ばれていたが、その後、坂の北側にある御嶽神社の霊験にあやかり、一帯の町名が「新町」から「宮益町」に変更されたため、この坂も「宮益坂」と呼ばれるようになった。この神社は古い起源を持ち、その狛犬は全国的にも珍しい日本狼の石像である。江戸切絵図を見ると、宮益坂の坂下には川が流れている。渋谷川であり、古川の上流部分の川名である。現在は、渋谷駅までは暗渠だが、駅を過ぎるとすぐに開渠となり、その流れを見ることができる。

広重　不二三十六景　東都青山

（山梨県立博物館蔵）

いわ
さか

東京都板橋区本町

環七通り　板橋本町駅　旧中山道

岩の坂

加賀小学校

稲荷台公園

帝京中学校・高等学校

本町児童遊園

首都高速5号池袋線

中山道

板橋保育園

智清寺

都営三田線

石神井川

　旧中山道に石神井川に架かる板橋がある。往古、板張りの木橋が「板橋」と呼ばれ、それから地名の「板橋」が生じ、「板橋区」ともなった。江戸時代、この辺りに板橋宿があった。中山道六十九次の最初の宿場であり、品川宿、千住宿、内藤新宿とともに江戸四宿として大いに栄えていた。渓斎英泉の「第二木曽街道板橋之駅」が賑わう光景をいまに伝えてくれる。

　旧中山道を北に進むと縁切榎がある。大六天神社の御神木の榎があり、近くに槻の木もあって、「えんつき（縁尽き）」として男女の悪縁などを絶って良縁を結んでくれるという信仰が始まった。嫁入りの際には縁起が悪いとして避けたといい、1861年に和宮が14代将軍家茂に輿入れをする際にも縁切榎を避けて迂回路を設けたという。縁切榎の前辺りから緩やかに上り始めるのが「岩の坂」である。縁切榎があることや両側の樹木により昼でも薄暗い不気味な坂であることから「いやな坂（いやの坂）」と呼び、それが「岩の坂」に転訛したという。

渓斎英泉　第二 木曽街道板橋之駅

（国立国会図書館蔵）

123

稲荷坂
いなりざか

東京都北区岸町

名主の滝公園

十条駐屯地
陸上自衛隊

中央図書館

王子
稲荷神社

王子第二小学校

稲荷坂

中央工学校

北本通り

旧岩槻街道

東北新幹線・上越新幹線
京浜東北線

王子本町公園

北区中央公園

王子新道

順天中学校
高等学校

王子神社

北区役所

王子駅

石神井川

音無さくら緑地

飛鳥山公園

音無もみじ緑地

　「稲荷坂」の坂名は傍らの王子稲荷神社にちなみ、「王子稲荷の坂」ともいう。この神社は、かつて荒川の上流（石神井川とも）の岸辺にあったことから「岸稲荷」と称し、源頼朝が源義家の鎧や薙刀を奉納したと伝えられるという。江戸時代から続く初午祭りの凧市でも有名であり、私が初午祭りに訪れたときも大いに賑わっていた。まさに「王子稲荷初午」との作品が『江戸自慢三十六興』（3代豊国・2代広重）にあり、その初午の光景をいまに伝えてくれる。また、関東総司として関八州（関東全域）の稲荷の総元締めであることから、毎年、大晦日の夜、関八州の稲荷の使いの狐が王子稲荷の社に参上していたとの伝承がある。その狐たちは、付近の大きな榎の下に集まり、この榎を飛び越え、高く飛んだ順に官位を授かり、命婦（女官）の装束に着替えてから王子稲荷の社に参拝し、翌年の役目を言い付かったという。狐たちは、狐火と呼ばれる炎を吐き出し、地元の農民は、その火の数や影の様子から翌年の豊凶を占ったという。

江戸自慢三十六興　王子稲荷初午

（国立国会図書館蔵）

125

蝉坂 せみざか

東京都北区上中里

上中里駅
滝野川公園
花と森の東京病院
西ヶ原駅
平塚神社
蝉坂
中里貝塚
史跡広場
東京メトロ南北線
本郷通り
瀧野川女子学園中学高等学校
京浜東北線
東北新幹線・上越新幹線
湘南新宿ライン
飛鳥中学校
昌林禅寺
旧古河庭園
大炊介坂
滝野川小学校
田端高台通り
本郷通り
石川幼稚園
聖学院小学校
女子聖学院中学校・高等学校

　ＪＲ京浜東北線上中里駅から外に出ると駅前に通りがあり、この通りを右に進むとすぐに緩やかに上り始め、左に大きく湾曲しながら南方向に急勾配で上る。これが「蝉坂」である。坂名の由来は真夏の蝉時雨が喧しかったからかなと思うが、そうではない。

　この坂の西側に平塚神社があり、中腹の西側の階段を上ると境内に入る。往時、この地には平塚城があった。平安時代末期に豊島太郎近義が築いた城であり、源義家が後三年の役で奥州に遠征し、その帰路にこの城に逗留した際に近義の饗応に感謝し、鎧一領を与えた。近義は、この城の鎮護のため、その鎧を城内に埋め、その上に平らな塚を築いて社殿を建てた。これが本殿の裏側にある甲冑塚であり、平塚との地名が起こり、この城も平塚城と呼ばれた。平塚城は、1478年、豊島泰経の時代に扇谷上杉家の重臣・太田道灌に攻められて落城した。太田軍がこの坂を上って攻めたことから「攻坂」との坂名が生まれ、これが「蝉坂」に転訛し、江戸時代には蝉坂と呼ばれていた。平塚城の落城後も平塚神社は存続し、江戸切絵図にも「平塚社」と記載されている。

　蝉坂を上ると、その先は本郷通りとの交差点に至る。本郷通りは江戸時代の日光御成街道であり、将軍が日光東照宮に参詣する際に利用した。交差点で右折して本郷通りを北西方向に進むと道の中央に「西ヶ原一里塚」がある。江戸幕府は主要街道に一里ごとに一里塚を築かせ、その上に主に榎を植えさせた。西ヶ原一里塚は貴重な遺構であり、江戸の風情が色濃く漂う。

大炊介坂
<ruby>大<rt>おおい</rt></ruby><ruby>炊<rt>のすけ</rt></ruby><ruby>介<rt>ざか</rt></ruby>坂

東京都北区西ヶ原

上中里駅
平塚神社
滝野川公園
花と森の東京病院
西ヶ原駅
蝉坂
瀧野川女子学園中学高等学校
中里貝塚史跡広場
東北新幹線・上越新幹線
京浜東北線
湘南新宿ライン
東京メトロ南北線
飛鳥中学校
本郷通り
昌林禅寺
旧古河庭園
大炊介坂
滝野川小学校
田端高台通り
石川幼稚園
本郷通り
聖学院小学校
女子聖学院中学校・高等学校

　本郷通りにある霜降橋交差点付近に霜降銀座商店街があり、その先に染井銀座商店街が連なる。江戸時代、これらの商店街の道は谷田川であった。昭和時代に暗渠が完成し、商店街が設立されたという。霜降銀座商店街は、道幅が相当に狭い上に蛇行しているため、谷田川の名残が感じられる。本郷通りをその交差点辺りから上り始めるのが「大炊介坂」である。左に大きく曲がりながら西ヶ原交差点まで上る堂々とした坂であり、左手にある旧古河庭園の樹木と相俟って優美な雰囲気を醸し出している。坂名は、中世の頃、この辺りに住んでいた武将・保坂大炊介にちなむ。その屋敷は、坂上の北区立滝野川図書館の地にあったと伝えられる。江戸切絵図（近江屋板）は「大炊助坂」と記している。

　坂を上り、旧古河庭園を訪れると、ちょうど「春のバラフェスティバル」の開催中であり、その上「春バラの音楽会」が開かれた日でもあって、大勢の人々で賑わっていた。かつて、この地には植木屋仁兵衛が見事な牡丹園を設け「西ヶ原牡丹屋敷」と呼ばれていたが、江戸時代後期に旗本・戸川播磨守の下屋敷となった。明治維新後、陸奥宗光の邸宅となり、その二男が古河財閥の創業者の養子となったことから古河邸となった。小高い丘の上に建つ洋館と斜面にある洋風庭園（バラ園、ツツジ園等）は、英国人建築家ジョサイア・コンドルの設計によるものであり、低地にある心字池を中心とする日本庭園は、京都の庭師7代小川治兵衛（通称・植治）の作によるものである。洋風庭園と日本庭園の異なる味わいを楽しむことができる。

　総務省及び国土交通省と外務省との間の坂道を歩くと、坂下と坂上に千代田区設置の標柱があり、大きく「霞が関坂」と表記されています。現在の勾配は緩やかですが、かつては、もっと急な坂であったといいます。江戸切絵図を見ると同じ道に「霞ヶ関」と記されています。江戸時代、「霞が関」は、この界隈全体の地名ではなく、坂名でした。「えぇ！」と驚かれるかもしれませんが、『江戸名所図会』に「霞関の旧蹟桜田御門の南、黒田家と浅野家との間の坂をいふ。往古の奥州街道にして、関門のありし地なり」と明記されていることからも裏付けられます（その後、明治時代初期の1872年に「霞ヶ関」との町名が誕生し、現在に至ります。）。

　江戸切絵図で総務省及び国土交通省の所を見ると「松平安藝守」とあり、安芸広島藩主浅野家の上屋敷がありました。外務省の所には「松平美濃守」とあり、筑前福岡藩主黒田家の上屋敷がありました。外務省は、1871年に銀座から霞が関に移転し、江戸時代に建てられた黒田家の上屋敷をそのまま庁舎として使用していましたが、1877年に焼失してしまい、新庁舎を建築したといいます。浅野家（42万6000石）も黒田家（当初は52万3000石、最後は47万3000石）とも大大名であり、その上屋敷の豪華さを競っていたため、霞が関（坂）は、江戸を代表する名所の一つであり、参勤交代等で江戸に来た武士らも見物に来ていたようです。広重の『名所江戸百景』の中の「霞かせき」は、霞が関坂の坂上から銀座方面

を望む構図です。この坂上には太神楽の一行や萬歳など正月を祝う人々が多数おり、多くの凧が揚がっていることもあって、江戸の賑やかな正月の風景を見事に描いています。

外務省と財務省の間の坂は、坂上から海を見ることができたことから「潮見坂」と呼ばれました。また、財務省と文部科学省の間の坂が「三年坂」です。江戸時代前には近くに寺があり、「この坂で転んだ者は3年のうちに死ぬ」との俗信があったことに由来する坂名です。江戸切絵図を見ると、財務省の所には丹後宮津藩主・松平伯耆守の上屋敷があり、文部科学省の所には日向延岡藩主・内藤能登守の上屋敷がありました。

霞が関といえば、現在は官庁街として知られています。その官庁街にある「霞が関坂」「潮見坂」「三年坂」は、江戸時代は大名屋敷街の坂だったのです。

広重 名所江戸百景 霞かせき

（国立国会図書館蔵）

131

富士見坂

<ruby>富<rt>ふ</rt></ruby><ruby>士<rt>じ</rt></ruby><ruby>見<rt>み</rt></ruby><ruby>坂<rt>ざか</rt></ruby>

東京都荒川区西日暮里

開成中学校
高等学校

西日暮里
駅

西日暮里
公園

青雲寺

諏方神社

第一日暮里小学校

道灌山通り

連啓山修性院

浄光寺

富士見坂

諏訪台通り

法光寺

養福寺

南泉寺

啓運寺

延命院

経王寺

本行寺

日暮里駅

不忍通り

東京メトロ千代田線

尾久橋通り

日暮里・舎人ライナー

常磐線快速・常磐線

常磐線快速・常磐線

常磐線快速・常磐線

京成本線

東北新幹線・上越新幹線

東北新幹線・上越新幹線・京浜東北線

山手線

「富士見坂」は諏訪台通りから急傾斜で下る坂であり、眺望が素晴らしい。富士山を望むことができたから富士見坂だが、現在は難しい。かつて坂の北側に妙隆寺、修性院、青雲寺があり、いずれも桜やツツジ等を植えた庭園で有名であって、これら三寺は「花見寺」と呼ばれていた。広重の『名所江戸百景』の「日暮里寺院の林泉」は、この花見寺（のうち修性院とする見解が有力）の春の景色を描いている作品であり（林泉とは庭園の雅称）、当時の花見寺の雰囲気を味わうことができる。そのため、富士見坂は花見坂とも呼ばれていた。

付近に諏方神社（1205年信州の諏訪大社から勧請）がある。江戸時代、日暮里と谷中の総鎮守として崇敬を集めていた。この地は高台であり、秀逸な眺望のため、江戸有数の景勝地として風流を好む江戸の文人墨客が集まっていた。ここを訪れた人々が日が暮れるのを惜しんで景色や酒宴を楽しんだことから「日暮の里」と呼ばれ、これが日暮里との地名になったという。

広重　名所江戸百景　日暮里寺院の林泉

（国立国会図書館蔵）

東京都台東区谷中

防災広場
初音の森

谷中霊園

神田白山線

妙法寺　天龍院
瑞輪寺　西光寺
頤神院

谷中2丁目

領玄寺　谷中4丁目
長久院　多宝院

上野桜木2丁目

谷中6丁目

長昌山大雄寺

延寿寺

圓妙山大行寺

三浦坂

長運寺　佛心寺

根津神社

臨江寺　言問通り

東京藝術大学

京成本線

本壽寺

根津1丁目

根津2丁目

池之端4丁目

上野高等学校

神田白山線

東大球場

根津小学校

根津駅

上野恩賜公園

不忍通り

東京メトロ千代田線

134

　「三浦坂」は谷中にあり、江戸の風情が色濃く残る。江戸切絵図にも「ミウラサカ」とあり、「三浦備後守」の下屋敷に面している。これが坂名の由来である。三浦備後守は、美作勝山藩（2万3000石）の藩主であり、この藩は美作国真島郡勝山に拠点を置いていた。現在、その下屋敷跡に大名時計博物館がある。三浦坂は、善光寺坂と三埼坂の中間にあることから「中坂」とも呼ばれている。

　江戸切絵図を見ると、坂下に川が流れている。藍染川（上流は谷田川）である。その川名の由来は、川筋に染物屋があったため、川の水の色が藍色に染まっていたことからという。蜆が獲れたから蜆川とも呼ばれ、蛍が棲息していたから蛍川とも呼ばれた清流であったが、大正時代に暗渠化が始まり、現在は「よみせ通り」や「へび道」などの小道になっている。この小道が文京区と台東区の区堺である。へび道には藍染川の頃のうねうねとした蛇行がそのまま残っていて、まさに「へび道」と呼ばれる所以である。

江戸切絵図　小石川谷中本郷絵図（部分）

（国立国会図書館蔵）

八景坂
<ruby>八<rt>はっ</rt></ruby><ruby>景<rt>けい</rt></ruby><ruby>坂<rt>いざか</rt></ruby>

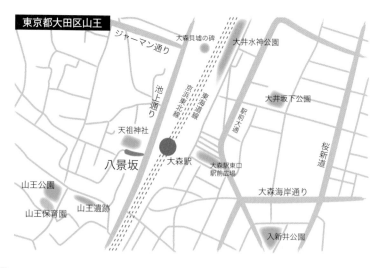

東京都大田区山王

　「八景坂」は池上通りから天祖神社の境内の傍に左手から上る石段坂である。池上通りだとする説もある。しかし、かつての坂上に平安時代後期の武将の源義家が東征の際に鎧を掛けたと伝わる鎧掛松があったといい、広重の『名所江戸百景』の「八景坂鎧掛松」にも描かれているが、その鎧掛松の根幹は、昭和初期まで天祖神社の境内に残っていたという。また、「八景坂鎧掛松」を見ても、鎧掛松が崖地の上（天祖神社の付近）にあり、その鎧掛松に至る峻険な坂が八景坂であることは明らかである。「八景坂」がこの石段坂であることは、多くの坂道研究家が指摘するところでもある。

広重　名所江戸百景　八景坂鎧掛松

　その坂名の由来について、A説は、風光明媚な景勝地であり、坂上からの眺望が素晴らしかったことからという。B説は、薬研のような形状であったことから「薬研坂」と呼ばれ、これが「やけいざか」となり、さらに「八景坂」となったという。江戸名所図会はA説を採り、A説に分があると思われる。

（国立国会図書館蔵）

コラム-⑧ 「鬼平」

　妻からもらった『江戸切絵図散歩』（91頁）の中で池波先生は、江戸切絵図は「私のような、江戸期を舞台にした時代小説を書いている者にとっては、欠かせないものだ。」と述懐し、『鬼平犯科帳』を書くとき、清水御門外に「御用屋敷」と江戸切絵図にあるのを利用して、ここへ役宅を置いたと具体例を挙げています。『鬼平犯科帳』（文春文庫・全24巻）は、火付盗賊改方長官・長谷川平蔵（鬼の平蔵＝鬼平）を主人公とする池波先生の代表作ですが、この作品を読んでいると、しばしば、江戸の坂が登場します。例えば、「蛇の眼」という作品に「蛇の平十郎は行人坂（ぎょうにんざか）を猿（ましら）のような速度で駆け上がって行った」という記述があります。行人坂は険阻な坂で歩いて上るにも難儀する坂ですから（「行人坂」の解説をご参照ください。）、この坂を猿のような速度で駆け上がるなんてすごい盗賊だなと思わず感心します。さらに、江戸の坂がタイトル自体に現れる「麻布ねずみ坂」という作品もあります。この鼠坂は麻布にある鼠坂です（28頁の地図）。鼠しか通ることができないような急斜面の狭隘な坂であることから「鼠坂」と呼ばれたといいます。

　池波先生は「徳川幕府が14年の歳月をかけて、諸大名と幕臣の家系譜（かけいふ）を編（あ）んだ〔寛政重修書家譜（かんせいちょうしゅうしょかふ）〕全9巻」を手に入れ、これを「読みすすむうち、長谷川平蔵という人物は私の想像を無限にひろげてくれたし、何としても芝居にしたいとおもった」といいます（「鬼平犯科帳・雑記」オール讀物平成28

年11月増刊号）。すなわち、長谷川平蔵（宣似。平蔵は通称）は、実在の人物なのです。平蔵は400石の旗本・長谷川宣雄の長男として1745年に生まれ、幼名を銕三郎といい、若い頃は「本所の銕」と呼ばれるほどの放蕩ぶりでしたが、1787年に42歳で火付盗賊改方長官に命ぜられ、1795年に50歳で死亡する直前までその任務を全うしたといいます。平蔵は世情に通じ、盗賊逮捕に目覚ましい実績を上げたほか、老中の松平定信に犯罪者の更生施設である人足寄場の建設を建議し、石川島人足寄場の設立などでも功績を残しています。賞罰の公正さから「今大岡」（大岡越前守忠相の再来）と称賛され、人気が高かったともいいます。

長谷川家の菩提寺は新宿区須賀町所在の戒行寺で、平蔵も戒行寺に葬られました。その寺の前から急勾配で下る坂が「戒行寺坂」で、この坂を訪れたとき、そのことを偶然に知りました。こうした発見も坂道散策の愉しみの一つです。

鼠坂（麻布所在）

大坂
おおさか

宮城県仙台市青葉区大手町

川内トンネル
川内中ノ瀬町
青葉山
広瀬川
地下鉄東西線
仙台国際センター

西公園
プレーパーク
西公園
桜ケ岡公園
桜ケ岡公園
遺跡
櫻岡大神宮

立町小学校
広瀬通
仙台市
戦災復興記念館
西公園通
大町
大町西公園駅
青葉通
南町通

大坂

大手町

　仙台は人口が100万人を超える東北随一の大都市であり、緑が豊かなことから「杜の都」と呼ばれている。江戸時代も仙台藩62万石の城下町として大いに繁栄していた。その歴史は、1600年、初代藩主・伊達政宗が関ヶ原の戦いで徳川家康の率いる東軍に与して上杉攻めに参加した後、青葉山に赴き、地名の千代（せんだい）を「仙台」と改めて仙台城の築城を開始したことに始まる。

　仙台七坂（せんだいななさか）（「藤ヶ坂」の解説参照）の中の「大坂」は、青葉通の西端の大町交差点から広瀬川に架かる大橋まで下る。大橋の手前で少し左に曲がるものの、ほぼ真っすぐな大きな坂であり、仙台城に至る坂に相応しい堂々たる風格が感じられる。1645年の奥州仙台城絵図を始めとする藩政時代の絵図や1875年の宮城郡仙台町地引図を見ると、下るとき中腹で左に次いで右にほぼ直角に曲がる坂であり、仙台城の防御のため敢えてその形状にしていたと考えられる。その後、1880年の宮城県仙台区全図から現在の形状となる。明治時代に入り、通行に不便だから、改修工事をしたと思われる。

仙台城本丸の伊達政宗の騎馬像

藤ケ坂
ふじがさか

宮城県仙台市青葉区大手町

大町2丁目

桜ケ岡公園

地下鉄東西線

青葉通

大町西公園駅

西公園通

仙台法務
総合庁舎

大手町2丁目

仙臺大神宮

藤ケ坂

藤坂神社

南町通

片平1丁目

大手町5丁目

評定河原公園

　青葉通から大町交差点に至り、この交差点で左折して五橋通を100メートル余り進むと右手に広瀬川方向に下る34段の階段坂がある。それが仙台七坂の中の「藤ヶ坂」である。

　菊地勝之助『修正増補 仙台地名考』（宝文堂）は「仙台には古来六坂の称がある」として「大坂」「扇坂」「新坂」「石名坂」「元貞坂」「茂市ヶ坂」を挙げている。そして、仙台市民図書館『要説 宮城の郷土誌』（宝文堂）は、この六坂に「藤ヶ坂」が加わり、幕末頃までには「仙台七坂」の名数が定着したという。他方、三原良吉『仙臺郷土史夜話』（宝文堂）は、新坂が開かれたとき、この新坂を加えて「仙台七坂」と称したという。

　この藤ヶ坂を下ると、その左手に小体な藤坂神社があり、この坂の側に藤の木があって、その藤棚が藤ヶ坂の上を覆う。坂名は、上記の『要説 宮城の郷土誌』によると、この藤の木にちなむという。坂下から、藤ヶ坂、藤坂神社、藤棚を見上げると、いうにいわれぬ風情があり、しばし佇む。

　この藤坂神社には、かつて道の向かい側にあった仙台平の織物工場の織姫が祀られている。仙台平とは、精好仙台平の通称であって、精好織と呼ばれる技法で製作される絹の袴地である。川端康成が仙台平の袴を身に着けてノーベル文学賞の授賞式に出席したことや、仙台出身の羽生結弦が仙台平の袴を身に着けて国民栄誉賞授与式に出席したことでも知られる。仙台の特産であり、その技法は江戸時代に京都から導入され、仙台藩の保護奨励策により大いに発展したという。

新坂
にいざか

宮城県仙台市青葉区広瀬町

八幡小学校

仙台村田線

仙台厚生病院

八幡

広瀬町

支倉町

西公園通

宮城県
宮城第一高等学校

知事公館

新坂

尚絅学院
中学校・高等学校

尚絅学院
体育館

広瀬川

広瀬川澱緑地

広瀬川川内緑地

仙台赤門
自動車学校

144

　仙台二高前交差点から広瀬川に架かる澱橋を渡る。広瀬川は、奥羽山脈の関山峠付近から発して仙台市内を流れる一級河川だが、鮎や河鹿蛙等が棲息し多数の水鳥が中州に営巣する清流である。澱橋を渡り終わったところで右手の階段から橋下の道に降り、その道を東に進むと「へくり沢」跡がある。この沢は藩政時代の絵図に掲示されているし、1912年の仙台市全図にも「蟹子沢」とあり、この沢に水が流れ、道には橋が架けられていた。現在は暗渠化されて地上に水の流れはなく、その跡地は住宅街となっている。

　道は、その辺りから上り始め、次いで右に大きく曲がりながら急勾配で上る。左手の崖地の上には宮城県知事公館があり、その坂は最後に大きく左に曲がり、知事公館の正門前に至る。それが仙台七坂の中の「新坂」である。1695年、仙台藩4代藩主綱村の家臣の田村内蔵允顕行が綱村の命により知事公館の場所に屋敷を建築したとき、その屋敷前から澱橋まで坂道を開き、その新しい坂が「新坂」と呼ばれた。上記の最初の澱橋の建造に伴ってのことといわれている。新坂といっても、その歴史は相当に古く、風情のある佇まいである。この坂を上りながら、知事公館の下に屹立する崖地を見上げると、この坂を切り開いたときの工事の苦労が偲ばれる。その知事公館は、諸外国の大公使、皇族等の賓客を接遇する迎賓館だという。その正門は、切妻造の四脚門で、仙台城の「寅の門」を移築したものであって、県指定有形文化財である。仙台城の数少ない遺構であり、藩政時代の面影が感じられる趣のある門である。

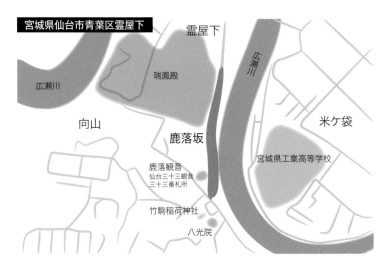

宮城県仙台市青葉区霊屋下

霊屋下

広瀬川

広瀬川

瑞鳳殿

向山

鹿落坂

米ケ袋

鹿落観音
仙台三十三観音
三十三番札所

宮城県工業高等学校

竹駒稲荷神社

八光院

　東北大正門前交差点から広瀬川に架かる霊屋橋を渡って進み、突き当たりを左折して進むと「鹿落坂」の上りとなる。右手が経ヶ峯で左手が広瀬川の険しい崖地の坂で、左に右に曲がりながら急勾配で上る。その湾曲と勾配が美しい。自動車の往来が多く、歩く部分が狭くて怖いと感じる。坂上から眼下の広瀬川と仙台の街並みを眺望する景色が素晴らしい。

　三原良吉『郷土史　仙臺耳ぶくろ』（宝文堂）は1685年の「国老連署の山林取締のお触れ書きには、すでに鹿落坂の名が見える」といい、「シシはカ（鹿）ノシシの意、『おちる』は仙台の方言で下りること」だという。菊地勝之助『修正増補　仙台地名考』（宝文堂）は「『しし』はかのしし（鹿）いのしし（猪）のししである」という。仙台に関する碩学２人の見解が微妙に異なるが、ともあれ、坂名は八木山一帯から鹿や猪が広瀬川に下りてくる坂であったことに由来する。

　先ほどの突き当たりを右折して進み、道に沿って左に曲がって進むと左手に参道がある。この参道を上って進むと左手に瑞鳳寺があり、さらに鬱蒼とした杉の大木の中の階段坂（途中からは左手の階段坂）を上って進むと瑞鳳殿がある。仙台藩２代藩主忠宗が1637年に伊達政宗の遺言に従い政宗を祀る御霊屋・瑞鳳殿を建立し、その菩提寺の瑞鳳寺も創建した。瑞鳳殿は桃山文化の華麗な建築を誇り、国宝に指定されていた。残念ながら、1945年の仙台空襲により焼失したが、1979年に再建された。私の大学生時代は瑞鳳殿の再建前であり、その長い階段坂を通学路として利用していた。懐かしい想い出である。

宮城県仙台市青葉区国見

国見5丁目

国見3丁目

龍寶寺霊園

弘法大師堂

第一中学校

仙台村田線

唸坂

大崎八幡宮

龍寶寺

八幡6丁目

広瀬川

八幡5丁目

八幡3丁目

広瀬川牛越緑地

　大崎八幡宮の前から八幡町通を西に進むと2つ目の交差点の少し先の右手に古道の雰囲気が残る小道があり、これに進むと左に曲がりながら急勾配で上り始める。それが「唸坂」であり、坂下に「唸坂」を表示する辻標がある。仙台藩2代藩主忠宗が1638年に仙台城二の丸の造営をした際、国見峠の付近から仙台石を切り出し、これを牛に曳かせて運搬したが、この坂を牛が唸りながら進んだので「唸坂」と呼ばれた。雨のときに滑りやすかったことから転訛して「鰻坂（うなぎざか）」とも呼ばれた。

　坂下の八幡町通を引き返し、最初の交差点で右折して進むと広瀬川に架かる牛越橋（うしごえばし）に至る。唸りながら唸坂を下った牛が広瀬川をこの辺りで渡ったため「牛越渡し」と呼ばれた。牛越渡しに架けられた橋だから「牛越橋」だが、その建造は明治時代になってからのことである。

　大崎八幡宮は、坂上田村麻呂（さかのうえのたむらまろ）が胆沢城の鎮守社として宇佐八幡宮を勧請して鎮守府八幡宮を創建したのが始まりである。室町時代に奥州管領の大崎氏が自領地内に遷座したため「大崎八幡宮」と呼ばれた。その後、伊達政宗が仙台藩の総鎮守として現在地に社殿を造営し、従前から伊達氏が祀っていた成島八幡宮と合祀し、ここに遷座したという。社殿の造営に当たっては、豊臣家に仕えていた当代随一の工匠を招聘し、豪壮かつ華麗な桃山建築の傑作を造り上げた。その社殿は、現存する最古の権現造りの建造物として国宝に指定されている。1月14日の松焚祭（まつたきまつり）（どんと祭）やその際の裸参りが有名であり、私も東北大学の学生であったときに訪れて見物した記憶がある。

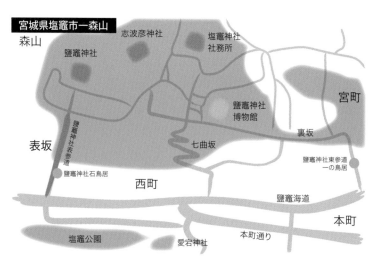

宮城県塩竈市一森山

森山

鹽竈神社

志波彦神社

塩竈神社
社務所

宮町

鹽竈神社
博物館

裏坂

鹽竈神社表参道

表坂

七曲坂

鹽竈神社東参道
一の鳥居

鹽竈神社石鳥居

西町

鹽竈海道

本町

塩竈公園

愛宕神社

本町通り

　塩竈市北西部の一森山に鎮座する鹽竈神社の表参道の坂が「表坂」である。202段もの急峻な石段坂であり、上り始めると、蹴上が高いことも相俟って上りにくく、途中で息が切れる。帆手祭、花まつり、みなと祭の際には鹽竈神社の神輿の渡御が行われ、この険阻な石段坂を重量1トンの神輿が（まず下り、市内巡行後に）上るというから驚きだ。

　鹽竈神社は1200年を超える歴史を誇り、古来より東北を鎮護する陸奥国一之宮として多くの崇敬を集めてきた。武甕槌命と経津主神が陸奥国を平定した際にその先導をした鹽土老翁神がこの地に留まり、人々に竈で塩水を煮る製塩法を教えたことに始まる。その際の竈と伝えられる4口の神竈（鹽竈神社の神器）が境外末社の御釜神社に安置されていて、私も妻と見学をした。

　鹽竈神社の境内の八重桜・鹽竈桜（淡紅色の大輪）は平安時代に起源を有し、天然記念物に指定されている。境内から東に緩やかに下る東参道が「裏坂」である。穏やかな趣の深い石畳の長い坂である。また、裏坂の下り始めの辺りで右手に分かれて下る古い参道があり、これが「七曲坂」である。鹽土老翁神が通った坂道であるとも伝えられている。

鹽竈桜

松木坂

まつのきざか

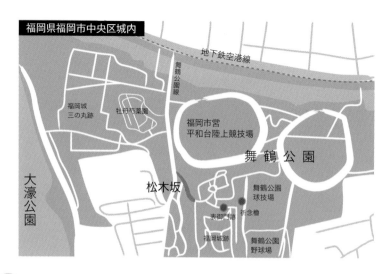

福岡県福岡市中央区城内

地下鉄空港線

舞鶴公園線

福岡城
三の丸跡

牡丹芍薬園

福岡市営
平和台陸上競技場

舞 鶴 公 園

大濠
公園

松木坂

舞鶴公園
球技場

表御門跡　祈念櫓

福岡城跡

舞鶴公園
野球場

　「松木坂」は福岡城址・舞鶴公園にある。福岡城は福岡藩初代藩主・黒田長政が築いた城である。長政は、黒田孝高（官兵衛）の長男であり、関ヶ原の戦いで東軍の主力として活躍し、その論功行賞として筑前国（52万3000石）を得た。当初、小早川隆景が築いた名島城に移ったが、城下町を発展させるには狭隘な地であったため、九州一の商業都市・博多に隣接する警固村の福崎の丘陵地に新しい城を築くこととした。そして、郷里の備前国の福岡にちなんで那珂川から西の地名を「福岡」と改称した上で、1601年から福岡城の築城に取りかかり、7年の歳月をかけて竣工し、併せて城下町を建造した。福岡城の縄張りには築城の名手であった孝高（当時は「如水」）も関与し、長政の不在時には築城を督していたという。

　福岡城は、海側から見ると鶴が舞う形状であったことから「舞鶴城」とも呼ばれた。そこで、福岡城址一帯を整備して1948年に誕生した公園は「舞鶴公園」と名付けられた。この公園は福岡屈指の花見の名所であり、春になると、染井吉野や紅八重枝垂桜など18種約1000本の桜が咲き誇り、壮観である。

　「松木坂」は、藩政時代、福岡城三の丸から二の丸の松木坂御門に至る坂であった。坂下に「三の丸（松ノ木坂）」の標識がある。ここから右に左に緩やかに湾曲しながら上る坂道であって、その湾曲と勾配が美しく魅力的だ。往時、周辺に松の林があったことに由来する坂名だと思われる。松木坂御門の上には松木坂御門櫓があり、向かって左手に大組櫓があり、右手に屏風櫓があったというが、現在は石垣のみが残っている。

富士見坂

ふじみざか

福岡県福岡市博多区上呉服町

博多小学校

昭和通り

大博通り

地下鉄箱崎線

西門通り

福南都市高速環状線

博多青松
高等学校

西教寺

御笠川

福岡高等学校

西光寺

富士見坂

安国山 聖福寺

呉服町駅

瑞應菴

冷泉公園通り

地下鉄空港線

東長寺

萬松山
承天寺

　大博通りは、博多駅と博多港をほぼ一直線に結ぶ市内随一の大通りであり、博多の大通りから命名された。もともとは、1587年の豊臣秀吉による太閤町割の端緒として最初に縄張りがされた一小路だという。大博通りと国体道路との祇園町交差点から国体道路を北に進み、最初の交差点を左折すると御供所通りがある。その御供所通りを進むと右手の妙楽寺の境内に神屋宗湛の墓がある。宗湛は博多の豪商であり、秀吉の知遇を得て、戦火によって荒廃した博多を復興し、その町割にも貢献した。妙楽寺は「ういろう」の発祥の地でもある。その先の右手に聖福寺がある。1195年、栄西が創建した日本最初の禅寺である。栄西は、宋から茶の種子を持ち帰り、境内や脊振山で栽培し、日本に喫茶の習慣を広めたという。

　さらに、御供所通りを進み、次の次の十字路を右折して進むと、徐々に緩やかに下る。西門通りの「富士見坂」である。往古、砂丘であった頃の名残の坂である。東京に多い富士見坂は坂上から富士山が見えたことから命名されたのだが、福岡から富士山が見えたはずがない。実は、往時、この坂から可也山が見えたのだ。可也山は、糸島半島の西部（福岡県糸島市）にある標高365メートルの山であり、その山容から糸島富士と（筑紫富士、小富士とも）呼ばれたという。富士見坂の坂下は御笠川に架かる西門橋に至る。西門通りや西門橋は、付近にある聖福寺の西門にちなむ。また、西門通り（富士見坂）は、太閤道（の一部）でもあった。太閤・秀吉が大陸進攻を企図した際に前線基地である備前国の名護屋城に向かった道である。

福岡県朝倉市秋月野鳥

322

野鳥川

甘木朝倉田主丸線

西念寺

本證寺

宮地嶽神社

旧田代家住宅

武家屋敷
久野邸

月見坂

秋月中学校

瓦坂

秋月城跡

佛願寺
秋月別院

垂裕神社

　城下町・秋月（福岡県朝倉市所在）には秋月城（城址）のほか、武家屋敷や土塁、石垣、堀等が現存し、豊かな自然とも解け合い、町全体が国の重要伝統的建造物群保存地区に指定されている。その風情から「九州（筑前）の小京都」とも呼ばれ、寅さん映画第28作「男はつらいよ・寅次郎紙風船」（1981年）のロケ地としても知られる。

　大分自動車道の甘木ICから一般道を走行して秋月城址の最寄りの駐車場に着き、徒歩数分で「杉の馬場」に至る。かつては杉の大木が並び、馬術の稽古が行われていたことにちなむ名称である。秋月城に通じ、藩主の御成道や藩士の登城道であった。いまは桜並木で有名である。その道を進むと左手に堀を横切る「瓦坂」がある。石造りの小体な坂であるが、情趣に満ちていて魅せられる。藩政時代、坂上に正門（通称は黒門）が大手門としてあり、その門をくぐると秋月城の表御殿があった。すなわち「瓦坂」は藩士が登城に使用した坂である。滑り止めと土の流失の防止のため、坂に瓦が縦に埋め込まれていることから「瓦坂」と呼ばれた。表御殿の跡には、現在、瀟洒な木造校舎で有名な秋月中学校がある。1989年に建て替えられたが、景観に配慮して木造にしたという。上記の映画で寅さん（渥美清）とマドンナ（音無美紀子）が杉の馬場を歩く場面があり、「瓦坂」とともに建替え前の古い木造校舎も映っている。

　杉の馬場を先に進むと左手に石の階段坂があり、その上に長屋門（内馬場裏御門）がある。奥御殿の通用門（城の裏門）であり、藩政時代の1850年に建造された。

福岡県朝倉市秋月

322

野鳥川

甘木朝倉田主丸線

西念寺

本證寺

宮地嶽神社

旧田代家住宅

武家屋敷
久野邸

月見坂

秋月中学校

瓦坂

秋月城跡

佛願寺
秋月別院

垂裕神社

　杉の馬場から秋月中学校の武道館脇の道・春小路を300メートルほど西に下り、右折すると武家屋敷・久野邸がある。その前辺りで左折して上る坂が「月見坂」である。坂下に「月見坂」との標識があり、次のとおり解説をしている。

　《秋月城の裏山を蟻塚といい、もとは大きな松があって一際目立つ峰で、この坂から月が非常に美しく見えることから、いつのころからかこう呼ばれている。秋月に最もふさわしい名前であり、秋月の名勝12景に数えられ、「蟻塚の月－人はかはれどお山の月は昔ながらの笑ひがほ」の句が残されている。》

　月見坂を上ると右手に武家屋敷・田代邸（旧田代家住宅）があり、見学をした。田代家は、1624年の秋月藩成立時、秋月藩の初代藩主・黒田長興に付けられた家老・田代外記から始まるという。この屋敷（1815年再建）は、主屋、土蔵、門、土塀、庭園が現存し、朝倉市指定有形文化財である。「月見坂」は坂名からして風情がある上、周辺の武家屋敷が一層の情趣を醸し出している。

　秋月は福岡藩の一部であったが、福岡藩の初代藩主黒田長政が遺言により三男長興に分知し、秋月藩（５万石）が成立した。長政は、不行跡の多い長男忠之の福岡藩２代藩主としての将来を危惧し、福岡藩の改易に備えて聡明な長興に分知したといわれている（四男高正にも東蓮寺藩を分知したが、その後、福岡藩に吸収された。）。秋月藩は、質実剛健の気質を維持し、武芸や学問に優れた藩風を誇りとして、明治維新まで存続し、廃藩置県により秋月県になったが、その後、福岡県に編入されている。

オランダ坂

長崎県長崎市東山手町

活水女子大学
東山手キャンパス

長崎電気軌道

オランダ通り

大浦海岸通

梅香崎中学校

なが坂さき

大浦石橋通り

オランダ坂

海星高等学校

軍艦島
デジタルミュージアム

大浦天主堂

長崎孔子廟
中国歴代博物館

海星中学校

　長崎は、江戸時代、幕府の直轄領（天領）として繁栄し、また、国内唯一の開港場として出島を有し、西洋文化の窓口であった。出島は、当初はポルトガル人の居住地であったが、1641年に平戸からオランダ商館が出島に移転し、以後はオランダ人の居住地であった。

　長崎は異国情緒が溢れる坂の街であり、長崎の坂といえば何といっても「オランダ坂」だ。江戸末期、開国により西欧人の居留地が設けられたが、出島に住んでいたオランダ人の影響か、長崎の人々は西欧人を「オランダさん」と呼んでいたため、当時「オランダさんが通る坂」という意味で居留地にある坂は全て「オランダ坂」と呼ばれていたという。そのためか、現在のオランダ坂の範囲は必ずしも明確ではない。そこで、まず、最も有名だと思われる活水女子大学（東山手キャンパス）付近のオランダ坂に赴いた。少し坂を上ると「オランダ坂」と明記する石柱がある。石畳の坂で、とても風情がある。その少し先で坂道は左右に分かれる。どちらも「オランダ坂」だが、左に進む坂道の方は、活水女子大学に至る坂だから「活水坂」とも呼ばれている。右に進む緩やかな坂道の少し先にこの坂道が全て「オランダ坂」であることを示す標識がある。さらに進むと緩やかに下り始め、最後に急勾配で下る。坂下には「オランダ坂」と明記する石柱がある。左手に誠孝院があり、この急勾配で下る部分は「誠孝院の坂」とも呼ばれている。したがって、活水女子大学前の坂下から誠孝院まで上り下りする上記の坂全体が「オランダ坂」だと広く認識されているものと思われる。

きねんざか

長崎県長崎市相生町

大浦海岸通り

ロシア領事館通り

グラバー通り

松が枝通り

カトリック大浦教会

国際あいさつ通り

グラバー園

諏訪神社

大浦天主堂

祈念坂

旧自由亭

旧リンガー住宅

大浦展望公園

大浦石橋通り

リンガー通り

　オランダ坂（誠孝院の坂）の坂下から徒歩数分でグラバースカイロードの乗り場に着く。斜めに進む斜行エレベーターであり、5階まで上ると展望スペースがあり、そこにある長崎市南山手ゲストハウスから大浦天主堂脇に下る小道が「祈念坂」である。ところどころに階段もある急峻で狭隘な坂であるが、この坂からは大浦天主堂が見えるし、場所によっては僅かながら長崎港も遠望することができて、まさに秀逸の景観である。映画やドラマのロケによく使用されるのも大いに頷ける。訪れた日は土曜日であったが、人通りは少なく、この景観を静かに落ち着いて楽しんだ。大浦天主堂は、江戸時代の1864年に竣工された日本最古の木造教会であり、国宝に指定されている。長崎にある教会で働くシスターたちがよく行き来していた坂であることから「祈念坂」と名付けられたという。

　その後、付近のグラバー園を訪れた。旧グラバー住宅（スコットランドの貿易商人であるトーマス・ブレーク・グラバーの住宅）をはじめとする国指定重要文化財の住宅3棟を中心とする施設である。旧グラバー住宅は2015年に世界遺産に登録されている。移築されている長崎地方裁判所長の旧官舎が目を引いた。そもそもは、1883年（明治16年）長崎控訴裁判所長（後の長崎控訴院長）の官舎として建てられた洋風建築であり、1945年8月に長崎控訴院が福岡に移転して福岡控訴院になったことに伴って長崎地方裁判所長の官舎となった経緯がある。福岡控訴院は、1947年5月に裁判所法の施行により福岡高等裁判所となって現在に至る。

どんどん坂

長崎県長崎市南山手町

長崎港

旧リンガー住宅

コンプラ坂通り

旧オルト住宅

どんどん坂

グラバー通り

旧スチイル記念学校

マリア園

499

小曽根乾堂通り

長崎市南公民館

　祈念坂の坂下のグラバー通りを西に、次いで南に、しばらく進むと右手に急勾配で下る「どんどん坂（ドンドン坂）」がある（坂上に「ドンドン坂」との表示がある。）。南山手町の静かな住宅街にある石畳の坂であり、坂の周辺に居留地時代の洋館も残っていて、風情が感じられる。

　坂名の由来については、雨が降ると、この坂の両脇にある側溝を雨水が「どんどん」と音をたてて流れることから「どんどん坂」と呼ばれたという。坂の上の方の側溝は「U字溝」で、坂の下の方の側溝は「三角溝」であって、この三角溝は、雨水等が流れやすいように2枚の平らな石をV字に組んだものだという。居留地に住む外国人が考案した工夫ではないかともいわれている。

　NHKの番組「ブラタモリ」は大好きな番組であって、全て観ているが、その番組の長崎編（2015年4月11日放送）で、この坂をタモリさんとアナウンサーの桑子真帆さんが訪れる場面があって、この坂を初めて知り、いつの日か訪ねることを心待ちにしていた。

どんどん坂（坂下から撮影）

御部屋の坂
おへや

長崎県平戸市鏡川町

御部屋の坂

鏡川町

大久保町

フランシスコ・ザビエル
記念碑

崎方公園

御部屋の坂庭園

松浦史料博物館

旗松亭

六角井戸

大ソテツ通り

崎方町

オランダ商館通り

浦の町

海岸通り

平戸桟橋

平戸港

166

　平戸は歴史と浪漫が溢れる城下町であり、江戸時代、平戸藩主松浦家（6万3000石）が治めていた。その街の中心地に松浦史料博物館があり、その東側を北に上る坂が「御部屋の坂」である。平戸市設置の標識は《この付近、旧平戸藩主邸（現松浦史料博物館）一帯は、御館といい、鎌倉時代に平戸松浦氏が居城をかまえ、現在に至っている。石段が続く坂道は、中程に御部屋様（側室）の屋敷があったので「御部屋の坂」と呼ばれ、周辺に建ち並んでいたといわれる。》と記している。江戸時代、大名などの身分の高い人の妾を「御部屋（様）」と呼んだのだ。情趣の豊かな石畳の階段坂であり、往時を偲びながら上って下った。

　その後、松浦史料博物館を訪れた。松浦家に伝来する歴史資料や遺品等を保存し公開している。9代藩主・松浦静山のコレクションがひときわ目を惹いた。静山は文武両道を兼ね備え、1789年に城内に設置した楽歳堂文庫に日本各地や海外から集めた資料を収めた。そして、隠居後、278巻の『甲子夜話』を著した（1821年11月17日甲子の夜に起稿し、江戸後期の政治、経済、外交、逸話、風俗等の広範な内容。）。静山は、2013年に放映されたNHKの時代劇「妻は、くノ一」に登場した（演じた俳優・田中泯の存在感が際立っていた。）。想い出す方もいるかと思う。元藩主ながら、剣術の達人として描かれていたが、実際にも心形刀流剣術の免許皆伝であって、剣術指南書『常静子剣談』をも著し、「勝ちに不思議の勝ちあり、負けに不思議の負けなし」との有名なフレーズを記している。

長崎県平戸市大久保町

崎方公園

旗松亭

大久保町

平戸オランダ商館

オランダ塀坂

オランダ井戸

オランダ商館通り

オランダ埠頭

井元コレクション

崎方町

井元旅館

海岸通り

平戸桟橋

平戸港

　松浦史料博物館からオランダ商館通りまで下り、東に進むと左手に「オランダ塀坂」がある。オランダ塀に沿う風情のある石段の坂であり、平戸市設置の標識は、次のとおり解説する。

　《1609年から1641年までのあいだ、この塀の東側に、オランダ商館が置かれていました。商館を外から覗かれないために、また延焼などから守るために、この塀が設けられました。塀の高さは約２メートル、底辺の幅は約70センチメートルあります。商館当時の様子を知ることのできる数少ない遺構のひとつです。》

　平戸は、1550年にポルトガル船が入港すると南蛮貿易の窓口となり、1609年に我が国最初のオランダ商館（オランダ東インド会社の日本支店）が開設された。しかし、幕府の命により、オランダ商館は1641年に長崎の出島に移転した。オランダ塀坂を上ると、平戸城を遠望することができる。平戸瀬戸に突き出た丘陵上にあり、訪れると天守からの眺望が秀逸であった。

平戸城天守からの眺望

酢屋^{すや}の坂

大分県杵築市杵築

大田杵築線

番所の坂

岩鼻の坂

杵築幼稚園

杵築小学校

杵築市役所

藩校の門

酢屋の坂

飴屋の坂

塩屋の坂

杵築中央病院

城山公園

きつき城下町資料館

八坂川

170

　江戸時代の風情が色濃く残る城下町・杵築は「坂の町」としても有名であり、その杵築を代表する坂が「酢屋の坂」である。谷町通りから北台武家屋敷に急勾配で上る石畳の坂で、坂名は江戸時代に坂下に酢を製造販売する酢屋があったことにちなむ。その200年近く前に建てられたという酢屋の町屋は、明治時代に味噌屋に引き継がれて現存する。酢屋の坂の優美な石畳が味わい深い風情を醸し出す。坂の上部が広くなっているのは、上から攻めやすく下から攻めにくくするための工夫だという。

　谷町通りを挟んで「酢屋の坂」に相対するのが「塩屋（志保屋）の坂」である。江戸時代、南台武家屋敷に上る坂であった。坂下の酒屋を塩屋長右衛門が営んでいたことから「塩屋の坂」と呼ばれた。その屋号が志保屋であったことから「志保屋の坂」とも呼ばれた。その酒屋が繁盛したため、長右衛門は上記の酢屋も始めたという。

　酢屋の坂上の十字路を直進すると、関所の門と北浜口の番所がある。番所には番人が常駐して町の安全を守っていた。その門の先の急な階段坂の「番所の坂」は江戸の情緒に満ちている。上記の十字路から東方向に北台武家屋敷通り進むと、右手には家老などの屋敷であった大原邸、能見邸、磯矢邸が順に並び、左手には藩校・学習館の藩主御成門などがあり、藩政時代の雰囲気を味わうことができる。その先に「勘定場の坂」がある。緩やかな傾斜の広い階段坂で、家老などが杵築城に登城する坂道のため、馬や駕籠担ぎの足に合わせた造りだという。坂名は付近に勘定場（収税や金銭出納の役所）があったからだ。

いわはな

大分県杵築市杵築

大田杵築線

番所の坂

杵築幼稚園

杵築小学校

岩鼻の坂

酢屋の坂

杵築市役所

藩校の門

飴屋の坂

塩屋の坂

杵築中央病院

城山公園

きつき城下町資料館

八坂川

　酢屋の坂を下り、谷町通りを西に進むと、まず、右手に「岩鼻の坂」がある。途中で右に左に直角に曲がりながら北に上る険峻な坂（下の部分は階段坂）で、坂名は岩鼻（突き出すような岩山）にある坂だからだ。坂下に「岩鼻の井戸」がある。

　そして、その反対側の左手には「飴屋（雨夜）の坂」がある。右に大きく曲がりながら南に上る急傾斜の坂で、その湾曲と勾配が魅力的だ。白い石の階段坂で、雨が降る夜でもうっすらと白く浮かび上がることから「雨夜の坂」と呼ばれ、これが「飴屋の坂」に転訛したという。趣のある説で惹かれる。もっとも、真っ白な石の階段坂を想像していたが、訪れると真っ白ではなかった。坂下に飴屋があったからとの説もある。

　その先の右手には北に緩やかに上る「紺屋町の坂」や「ひとつ屋の坂」がある。また、「天神坂」「久保の坂」「富坂」「射場の坂」「清水寺の坂」「カブト石の坂」「寺町の坂」等もあり、杵築は、まさに坂道ファン垂涎の「坂の町」である。

飴屋（雨夜）の坂

甚吉坂
<small>じんきちざか</small>

大分県臼杵市二王座

臼杵城跡

稲葉家下屋敷
旧平井家

八町大路

臼杵川

善法寺

多福寺

香林寺

月桂寺

大橋寺

甚吉坂

龍原寺

万年渓

旧丸毛家住宅

日豊本線

福良天満宮

　臼杵は、大友宗麟（義鎮）が1562年に臼杵湾の天然の要害・丹生島に城を築き（当時は「丹生島城」。後の「臼杵城」）、城下町を造ったことに始まる。その後、城主の交代があった後、1600年の関ヶ原の戦いで軍功のあった美濃国郡上八幡城主・稲葉貞通が豊後国臼杵藩（5万石）の初代藩主となった。以後、江戸時代を通じ、稲葉家が15代にわたって治めた。

　臼杵の街中に観光スポット・二王座歴史の道がある。二王座との地名は、往時の祇園社（祇園宮）の仁王門にちなむという。約9万年前の阿蘇噴火で形成された阿蘇溶岩凝灰岩の丘であり、凝灰岩を切り割って造られた狭い切り通しの道もある上、その狭い路地に武家屋敷跡や古刹が立ち並び、城下町の面影を色濃く残し、江戸時代の風情が漂う。

　その二王座歴史の道の一部であり、直良信夫（考古学者であり、明石原人の発見者として知られる。）の生家（直良信夫顕彰記念館）の前辺りから金比羅水前辺りまで下る坂が「甚吉坂」である。1586年に薩摩の島津軍が臼杵に進攻したとき、大友宗麟の家臣である武将・吉岡甚吉が仁王座口で迎え撃ち、ここを守って武功を立てたので、これを讃えて「甚吉坂」と名付けられた。実際に歩いてみると、切り通しの坂であり、蛇行しながら緩やかに下る石畳の坂であって、情趣があり、魅力溢れる名坂である。大いに気に入り、何回も往復をした。

　坂道散策の後、国宝・臼杵石仏を訪れた。凝灰岩の岩壁に刻まれた磨崖仏群で、大日如来、阿弥陀如来など60体余りが現存し、平安後期から鎌倉時代の作のものである（大辞林）。

大分県臼杵市臼杵丹生島

祇園南

臼杵停車場線

臼杵公園

稲葉家下屋敷
旧平井家

臼杵護国神社

臼杵城跡

卯寅稲荷神社

大友宗麟公碑

城南

鐙坂

大字臼杵

臼杵辻郵便局

臼杵簡易裁判所

新港町

　臼杵城は、臼杵湾の天然の要害・丹生島に築かれたが、現在、臼杵城（城址）の周囲の海は埋め立てられ、小高い丘か山と見える。臼杵城の美称を「亀城（きじょう）」といい、丹生島が岩山であって、亀の形に似ていることに由来する。なるほど確かに亀の形に似ている。西側の内濠に架かる古橋を渡って古橋口から臼杵城に入ると、すぐに「鐙坂」の上りとなる。狭隘で急峻な石段坂である。敵の侵入を防ぐため、岩を掘って造られたという。見事な螺旋（らせん）状でもあって、とても美しく魅力的な坂である。坂名の由来は調べても分からない。「鐙（あぶみ）」とは、足を踏みかける物の意であって、鞍（くら）の両脇に垂らす馬具であり（新明解国語辞典）、この坂の形状が鐙に似ていることから「鐙坂」と呼ばれたのであろうか（東京にある「鐙坂」（72頁）の由来の一であり、その形状から推論した。）。この鐙坂を上ると畳櫓に至る。畳櫓は、江戸時代に建築されたものであり、卯寅口門脇櫓（うとのくちもんわきやぐら）とともに現存する数少ない遺構である。

臼杵城

棒庵坂
ぼうあんざか

熊本県熊本市中央区本丸

わが輩通り

熊本城公園

馬魂碑

熊本家庭裁判所

藤園中学校　城東小学校

棒庵坂

千葉城町

グラウンド

戌亥櫓

加藤神社

熊本県伝統工芸館

二の丸広場　西出丸

宇土櫓

熊本城

熊本県立美術館分館

坪井川

　KKRホテル熊本と熊本家庭裁判所の前辺りから西に上る急
勾配の坂が「棒庵坂」である。厳しい西日を浴びながらゆっく
りと上り、風情を味わった。坂名は坂下に下津棒庵の屋敷が
あったことによる。棒庵は京都の公家の出であるが、加藤清正
の家臣となったという。棒庵坂は北大手に入る要衝であり、坂
の途中に番所が置かれていたという。清正は、豊臣秀吉の家臣
であり、幾多の武功により、肥後北半国の大名となったが、さ
らに、関ヶ原の戦いでは東軍に与して活躍し、その論功行賞と
して肥後南半国をも得て肥後国熊本藩（52万石）の初代藩主と
なった。清正は築城の名手として知られ、長年の歳月をかけて
難攻不落の堅牢な熊本城を築いた。

　その熊本城は、2016年4月の熊本地震により甚大な被害を受
け、私が訪れたとき（2019年7月27日）、いまだ修復工事中で
あった。大天守は、その外観がほぼ復旧していたが、小天守は
外観もいまだ修復途中であった。

熊本城の大天守と小天守（筆者の訪問時）

慶宅坂

<ruby>慶<rt>けい</rt>宅<rt>たく</rt>坂<rt>ざか</rt></ruby>

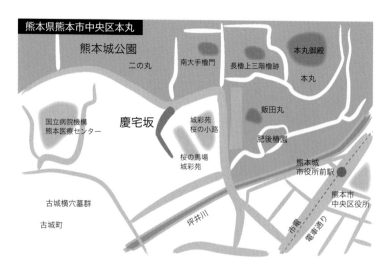

熊本県熊本市中央区本丸

熊本城公園

二の丸

南大手櫓門

長櫓上三階櫓跡

本丸御殿

本丸

慶宅坂

国立病院機構
熊本医療センター

城彩苑
桜の小路

飯田丸

肥後椿園

桜の馬場
城彩苑

熊本城
市役所前駅

古城横穴墓群

古城町

坪井川

市電

電車通り

熊本市
中央区役所

棒庵坂上に戻り、左折して見学コース（当時）を進むと、左手に戌亥櫓が見えてくる。その崩壊を一本足（の石垣）で支えているように見える櫓として、飯田丸五階櫓とともに報道された。飯田丸五階櫓は内側にあって見えにくいが、この戌亥櫓は綺麗に見える。その先を見学コースに沿って左折して進むと、左手に宇土櫓が見えてくる。その背後に大天守と小天守が見え、壮観だ。そのまま見学コースを進み、左折して少し進むと、左手に未申櫓が見えてくる。この櫓も見応えがある。

その未申櫓の前辺りから「桜の馬場 城彩苑」に下る坂が「慶宅坂」である。細川忠利（豊前小倉藩主であったが、熊本藩二代藩主加藤忠広の改易後、熊本藩主になった。）に召し抱えられた医師・高本慶宅の屋敷が付近にあったことにちなむ坂名である。加藤清正が熊本城を築城した際、慶宅坂から城内に侵入しようとする敵勢を未申櫓から一斉射撃をして一網打尽にするよう工夫していたという。

戌亥櫓（筆者の2019年 7 月の訪問時）

鵜戸山八丁坂

うどさんはっちょうざか

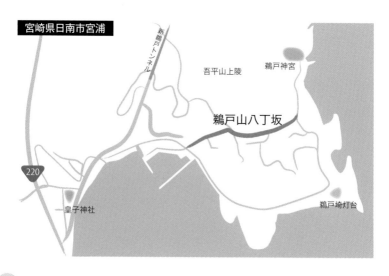

宮崎県日南市宮浦

新鵜戸トンネル

吾平山上陵

鵜戸神宮

鵜戸山八丁坂

220

皇子神社

鵜戸埼灯台

　宮崎市内のホテルを出て日南を目指して南下した。日南は、歴史と自然が溢れる観光の街である。途中で青島に立ち寄った。青島は小島であり、橋で渡ることができる。その周囲にある奇岩で有名である。巨大な洗濯板のように見えることから「鬼の洗濯板」(「洗濯岩」とも)と呼ばれ、青島の隆起海床と奇形波蝕痕として国の天然記念物に指定されている。また、青島内には熱帯性・亜熱帯性の植物が多数繁茂していて、青島亜熱帯性植物群落として国の特別天然記念物に指定されている。縁結びの社として知られている青島神社もある。

　そして、鵜戸神宮に向かったが、その日は、本殿に近い駐車場に通ずる海岸参道が道路復旧工事のため通行止めであったので、吹毛井港の海辺の駐車場に駐車した。そこから鵜戸神宮に至る最も古い本参道は峻険な石段坂であり、思わずたじろいだが、意を決して上り始めた。これが「鵜戸山八丁坂」である。鵜戸神宮の山門までの長さが約800メートル(八丁)の石段坂であり、上りが438段で、下りが377段だという(上りの石段の途中からトンネルを通り、下りの石段の途中に至る迂回路〔新参道〕がある。)。この見事な石段は、平安時代に近くに住んでいた尼僧が海岸の石を頭に載せて一段ずつ築いたといわれている。いかにも古道らしい雰囲気が溢れていて情趣がある。坂名は、文字通り、鵜戸山にある八丁の長さの坂だという趣旨かと思われる。鵜戸神宮は、社伝によると記紀所伝の第10代天皇・崇神天皇の時代に創建されたという。本殿は、日向灘に面した断崖の中腹にある岩窟(海食洞)内に鎮座している。

龍門司坂

<ruby>龍<rt>たつ</rt></ruby><ruby>門<rt>もん</rt></ruby><ruby>司<rt>じ</rt></ruby><ruby>坂<rt>ざか</rt></ruby>

鹿児島県始良市加治木町

加治木町小山田

さえずりの森

宇曽木川

高倉展望台

加治木町木田

龍門司坂

浄蓮山 大泉龍寺

　「龍門司坂」は、2018年のNHK大河ドラマ「西郷どん」のロケ地として知られ、そのドラマで何回も龍門司坂（でのシーン）を見て、その風情に魅せられ、ぜひとも訪れたいと念願していた。龍門司坂の入口にある標識は、おおむね次のとおり解説している。

　《江戸時代、加治木は、鹿児島から肥後に繋がる主要街道から日向方面に分かれる分岐点にあり、大きな港もあり、宿場が発達して、人や産物・情報の集まる場所として栄えてきた。その繁栄の証しが龍門司坂であり、国の史跡に指定されている。龍門司坂は1635年に開かれ、大名行列や物資の搬出等に使われた重要な街道であった。しかし、この坂道は粘土質で滑る上、風雨による決壊がひどかったため、1741年、木田村樋ノ迫の石材を切り出して石畳が敷かれた。全長は1500メートルあまりだが、現在は約500メートルが当時の姿で残っている。1877年の西南戦争の際、熊本に向かって発進した西郷軍も、この坂道を上って肥後人吉に進んだ。このとき加治木の人々は道沿い太鼓や三味線を演奏して送り出したという。》

　龍門司坂を実際に歩いてみると、杉木立の中の、苔むす石畳の坂であり、勾配も湾曲もあり、情趣に満ちた秀逸の坂であって、期待以上であった。往古、この坂の付近に「龍門寺」という寺があり、それが坂名の由来だとする文書もあるという。

　西郷軍は熊本に進軍したが、清正が築いた堅牢な熊本城に籠城する新政府軍を攻略することができず、西郷は「官軍に負けたのではない、清正公に負けたのだ」と語ったという。

坂道をゆく

2020年12月15日　第1刷発行

　　　　　　　　著　者　小　林　昭　彦
　　　　　　　　発行者　加　藤　一　浩

〒160-8520　東京都新宿区南元町19
発　行　所　一般社団法人 金融財政事情研究会
企画・制作・販売　株式会社きんざい
　　編集部　TEL 03(3355)1713　FAX 03(3355)3763
　　販売受付　TEL 03(3358)2891　FAX 03(3358)0037
　　　　　URL https://www.kinzai.jp/

DTP：株式会社アイシーエム／印刷：奥村印刷株式会社

ISBN978-4-322-13598-5